别吃了不会管理的亏

带出卓越团队的 10 大管理工作法

张伦 著

化学工业出版社

·北京·

内容简介

如何才能让下属心甘情愿地追随你？这恐怕是许多管理者每天都在思考的问题。有人说，只要按流程制度管理就行，其实光有这些还远远不够。经研究发现，管理是有技巧的，管理者既需要凭借管理技巧，也需要提升自我修养，从而对下属具有一种天然的吸引力、感染力和影响力。那么，怎样轻松、高效地做一个优秀的领导呢？

本书从团队组建、管理者角色转变、选人识人用人、自我威信的提升、大胆授权、有效沟通、激励、批评、鼓励竞争、协调团队矛盾10个方面讲述管人之道。本书分享了多个经典管理案例，是一本方便实用的管理技巧和方法的宝典，适合企业中高层领导、部门主管或者中小团队创建者等管理人员阅读，相信它会给你带来启发，让管理工作轻松、高效。

图书在版编目（CIP）数据

别吃了不会管理的亏：带出卓越团队的10大管理工作法/张伦著. —北京：化学工业出版社，2020.12
ISBN 978-7-122-37734-0

Ⅰ.①别… Ⅱ.①张… Ⅲ.①企业管理-团队管理-基本知识 Ⅳ.①F272.9

中国版本图书馆CIP数据核字（2020）第174366号

责任编辑：卢萌萌　　　　　　　　　　　文字编辑：王春峰　陈小滔
责任校对：宋　玮　　　　　　　　　　　装帧设计：李子姮

出版发行：化学工业出版社（北京市东城区青年湖南街13号　邮政编码100011）
印　　装：大厂聚鑫印刷有限责任公司
710mm×1000mm　1/16　印张12½　字数211千字　2021年3月北京第1版第1次印刷

购书咨询：010-64518888　　　　　　　　售后服务：010-64518899
网　　址：http://www.cip.com.cn
凡购买本书，如有缺损质量问题，本社销售中心负责调换。

定　　价：59.00元　　　　　　　　　　　　　　　　版权所有　违者必究

前言

在团队管理中，管理者遇到的最大难题就是对下属进行管理。如何激发下属的工作积极性，并让他们心甘情愿地追随自己，这恐怕是许多管理者经常思考的问题。有人说，只要按流程、制度管理就行，其实光有这些还远远不够。经研究发现，管理是有技巧、有方法的。

团队管理是一门学问，不是把优秀人才招来，给他们高薪，他们就能自动自发为企业创造效益，这里需要管理者充分运用先进的管理理论、高超的管理技巧、恰当的管理方法等。这些理论、方法和技巧使管理工作更加高效。

本书针对如何做好团队管理做了全面而深入的阐述，全书共分为10章，精炼地总结了团队管理的10大工作法。第1章介绍了团队组建，包括团队组建的基本要素、原则等；第2章介绍了管理者在一个团队中应该扮演什么角色；第3章分享了在组建团队时识人用人的技巧；第4章从管理者自身素养的提升入手，介绍了一个优秀的管理者如何打造自己的个人威信；第5章介绍了授权在团队管理中的重要性及如何授权；第6章介绍了管理者如何与下属进行有效的沟通；第7章介绍了如何激励下属，提升下属的工作积极性，重点写了9种激励方法；第8章介绍了批评的艺术，当下属犯错误后如何对其进行批评；第9章介绍了如何在团队中形成良性竞争，以激活团队，提升竞争力；第10章介绍了如何协调团队中的矛盾。

本书内容丰富，不仅蕴含了大量的管理知识，更切中团队管理的痛点，针对管理中遇到的具体问题提供了一套切实可行的方法，比如团队组建、招聘与留人、授权与立威、上下级沟通、团队激励机制建立、团队内部关系协调等，从而让读者在明白了"为什么"之后，更懂得"怎么做"，极具实用性和操作性。

本书逻辑严谨，说理透彻，语言通俗易懂，案例切合实际，将管理知识用故事或案例的方式娓娓道来，是一本非常实用的管理宝典。特别适合团队中高层管理人员、职业经理人、团队创始人阅读，相信这本书能给读者带来启发，让管理者的工作变得简单而高效。

由于作者知识水平、成书时间有限，书中难免会存在一些疏漏和不足，还望广大读者批评指正。

目录

第1章
团队组建，高质量工作必须靠团队完成 /1

1.1 没有完美的个人，只有完美的团队 /2
1.2 团队组建不可缺少的5类人 /4
1.3 团队组建应具备的基本要素 /6
1.4 团队组建应遵守的基本原则 /8
1.5 培养下属的团队意识，主动融入团队 /10
1.6 培养下属的共赢意识，不做"独行侠" /13
1.7 培养下属的大局意识，团队利益最高 /15
1.8 内耗，正在慢慢"吃掉"团队凝聚力 /17

第2章
明确角色，做好下属的导师和帮手 /19

2.1 管理者是协助者，不是主宰者 /20
2.2 规划愿景，做每个员工的造梦大师 /23
2.3 做好培训，强化下属能力助其高飞 /25
2.4 确立目标，让下属更好地完成任务 /28
2.5 制订目标，协助下属制订具体目标 /31
2.6 监督下属，让下属高效地完成工作 /34
2.7 关心下属，做好工作之外的"工作" /37

第3章
识人用人，识人用人是管人的基础 /40

- 3.1 天下没有无用之人，只有不会用人之人 /41
- 3.2 术业有专攻，别再强求全能型人才 /43
- 3.3 不要迷信学历，它并不代表一切 /45
- 3.4 善于识别人才，做到人尽其才 /47
- 3.5 别一味急着招人，用心留人才是上策 /49
- 3.6 留意跳槽一族，打消其跳槽的念头 /52
- 3.7 多多关心"螺丝钉式"的员工 /55

第4章
树立威信，提升在下属心中的魅力 /58

- 4.1 展现完美自己，给下属带来正能量 /59
- 4.2 树立威信，威信远比权力重要 /61
- 4.3 以德取胜，江山之固在于德 /63
- 4.4 做好言传身教，用行动引导下属 /65
- 4.5 敢于放低姿态，主动走近下属 /69
- 4.6 不失其亲，亲和力使人如沐春风 /71
- 4.7 重诺守信，不要滥开"空头支票" /74
- 4.8 别盲目自信，多听取下属的意见 /76
- 4.9 尊重下属，会换来更大回报 /78
- 4.10 关爱下属，把他们的利益放在重要位置 /81

第5章 大胆授权，人尽其才发挥集体的力量 / 85

- 5.1 敢于授权，管得少才能管得好 / 86
- 5.2 擅长授权，敢授权还要懂授权 / 88
- 5.3 不必事事躬亲，只做急事要事 / 91
- 5.4 权力应该授给最适合的人 / 93
- 5.5 授权，必须以信任为前提 / 95
- 5.6 一手授权，一手监督 / 97

第6章 及时沟通，沟通不到位管理就会错位 / 100

- 6.1 没有沟通，管理无从谈起 / 101
- 6.2 有效沟通，让沟通真正发挥作用 / 103
- 6.3 及时沟通，别让问题越积越深 / 105
- 6.4 学会倾听，鼓励下属多说话 / 108
- 6.5 主动询问，将听到的反馈回去 / 110
- 6.6 多用建议，少用命令 / 112
- 6.7 虚心接受下属的反对意见 / 114
- 6.8 正视下属的不满和抱怨 / 117

第7章
善于激励，下属的潜力往往是激励出来的   / 119

- 7.1　下属的努力来自管理者的激励　/ 120
- 7.2　物质激励：最直接的激励方式　/ 123
- 7.3　绩效激励：最稳固的激励方式　/ 125
- 7.4　精神激励：满足下属的高层次需求　/ 127
- 7.5　赞美激励：真诚的赞美往往胜过高薪　/ 129
- 7.6　奖罚激励：关键在于掌握奖罚平衡　/ 132
- 7.7　只奖不罚，只会让更多人不满　/ 134
- 7.8　信任激励：是性价比最高的激励方式　/ 136
- 7.9　鼓励激励：利用下属的失败激励他们　/ 138
- 7.10　晋升激励：职位、能力、薪酬的多重认可　/ 140

第8章
巧妙批评，批评下属要讲究技巧   / 144

- 8.1　不当老好人，批评反而能激励斗志　/ 145
- 8.2　批评有绝招，避免过于直接　/ 146
- 8.3　对犯错误的下属多一点宽容　/ 149
- 8.4　当众责骂是非常愚蠢的行为　/ 151
- 8.5　不能揪住下属的"小辫子"不放　/ 154
- 8.6　裹了"糖衣"的批评更容易让人接受　/ 156
- 8.7　批评的同时最好给出建议　/ 157
- 8.8　有些批评，最好能点到为止　/ 159

第9章
鼓励竞争,团队中有竞争才有生命力 / 162

- 9.1 团队中的"鲶鱼效应" / 163
- 9.2 努力培养下属的竞争意识 / 166
- 9.3 创造一个公平的竞争环境 / 169
- 9.4 看到团队中每个人的优点 / 172
- 9.5 优胜劣汰,能者上平者让庸者下 / 173

第10章
协调团队矛盾,充当团队的黏合剂 / 177

- 10.1 一碗水端平,绝不偏袒任何一方 / 178
- 10.2 在某些矛盾面前适时装糊涂才是大明白 / 179
- 10.3 先找到冲突原因,然后再对症下药 / 181
- 10.4 防止拉帮结派,让团队拧成一根绳 / 183
- 10.5 巧妙处理下属打小报告的行为 / 185

后记 / 189

第 1 章

团队组建，
高质量工作必须靠团队完成

组建一支卓越团队几乎是每个管理者的梦想，但拥有这样的团队却不是那么容易。管理者既要能将精英队员招致麾下，又要能留住他们；既要激励队员以大局为重，精诚合作，又要减少内耗，避免队员之间出现矛盾。

1.1 没有完美的个人，只有完美的团队

卓越的团队可以成就每一个人，团队兴，个人旺；团队散，个人衰，团队与个人命运息息相关。关于团队与个人的关系，我们先看一个实例，这个例子把两者之间的关系体现得淋漓尽致。

案例 1 ▶▶▶

20世纪60年代，欧美乐坛上活跃着一支乐队：披头士（又名甲壳虫）。这个乐队被认为是史上最伟大、最有影响力的摇滚乐队之一。他们的音乐被认为是一个时代的声音轨迹，并且持续影响至今。

披头士乐队有四个成员，分别为主唱兼节奏吉他手约翰·列侬、创作人保罗·麦卡特尼、主音吉他手乔治·哈里森和鼓手林戈·斯塔尔。

披头士四位成员结缘于音乐，成名于音乐，并多次获得国际大奖，如奥斯卡最佳原创配乐奖、格莱美奖最佳专辑奖，以及艾弗·诺韦洛奖等。凭借这些荣誉这四位音乐人成为当时流行乐坛的顶级音乐家。

披头士取得如此巨大成就的关键是精诚的合作。四个人长期在一起现场排练，已经成为了一个整体，再加上他们的才华完美互补，为后期的成长奠定了基础。据说，他们培养出了一种近似心领神会的沟通默契，有时候一个眼神、一个手势就知道彼此的意思。这种天衣无缝的团队合作，给披头士注入了魔法般的神奇力量。

然而，披头士在最辉煌的时候解散了，1970年10月31日，保罗·麦卡特尼向法院提起诉讼要求完全解散乐队，并且禁止重组。从此，伟大的披头士乐队成为历史。

披头士的解散令众多粉丝惋惜，整个世界都没有预料到这支正处事业巅峰的伟大乐队竟有这样的结局。据说解散的主要原因是随着乐队名声越来越大，列侬和麦卡特尼的分歧也越来越大。麦卡特尼一心想成为乐队领导者，这引来了列侬的反对，尽管列侬没有明确表态，但一直不配合。其实列侬也想成为乐队的领导者，再加上后来与麦卡特尼在音乐理解上的差异，矛盾更加不可调和。而另外两位成员哈里森和斯塔尔则对谁成为乐队领导者没有太

> 多想法。
> 　　乐队解散后，成员各自忙着自己的事情，列侬放弃了一切公开的音乐活动，整整五年没有露面；麦卡特尼则开始发布个人专辑，他也是单飞后发展最成功的；哈里森和其他乐队一起做巡回演出；斯塔尔则混迹于电影拍摄场地和各种乐队之间，做一些伴奏工作，渐渐趋于平庸，再也没有四人在一起时的风光无限。

披头士乐队的解散表面上看是约翰·列侬和保罗·麦卡特尼的矛盾，从管理学角度上看，其实是缺乏持续的合作精神。不仅仅是他们两位，另外两位成员也没有积极维护团队利益。四名团队成员间不可调和的矛盾注定了乐队的解体。

一滴水如果不放到大海里，很快就会干涸；一个人如果不融入团队，再有能力也很难干出大业绩。一个人就好像一滴水，倘若不懂得将自己置身于大海中，迟早会面临"干涸"的命运。

团队的力量坚不可摧，团队角色理论之父贝尔宾博士曾提出："没有完美的个人，只有完美的团队。"作为管理者，组建一支团队非常重要。小团队有合伙人，大团队有无数个小团队，超级团队有智囊团，团队无论大小，能不能在竞争中生存下去，关键看团队够不够强。

如果说，在团队发展初期，尚可依靠管理者个人能力来支撑，那么，随着团队的做强做大，一个人的力量就显得捉襟见肘。无论是日常管理还是决策都不能再只依靠某一个人。如果不组建一个团队，管理者的命运就像一滴水，将面临"干涸"的危险。

团队就像一条船，当你加盟了一个团队，你就成为这条船上的一名船员。这条船是满载而归还是触礁搁浅，取决于你是否与船上的其他船员齐心协力、同舟共济。这是一个团队制胜的年代，单打独斗早已过时。因为每个人能在一个领域的分支成为专家已经很不容易了，想要成为样样精通的全才、通才，几乎不可能。所以想要在事业上取得成功，需要各方面的知识，单靠一个人的力量难以成就，只有靠团队互补共同努力，才能达成目标。

就团队而言，团队精神的核心是协同合作，最高境界是全体成员形成一股强大的向心力、凝聚力。因此，提高团队精神成了一个团队增强核心竞争力的主要途径之一。团队间的竞争一天比一天激烈，缺乏团队精神，不懂得互助协作，团队则很难持续发展下去。就个人而言，如果没有团队精神，即使有着超强的能力，也难以更好地发挥出自己的优势，在职场中立足。

因此，无论是团队，还是个人，抛弃了团队精神，就意味着失去了发展的源动力。

团队精神是团队的核心竞争力，也是团队可持续发展的不竭动力。团队精神对团队发展有非常重要的作用和意义。管理者要懂得打造一支卓越团队，依靠团队协作，发挥团队的力量，共同完成工作任务。

1.2 团队组建不可缺少的5类人

组建一个朝气蓬勃、业绩突出的团队，最核心的是做好人员配置。人员配置合理，团队就会有强大的凝聚力和创新力；人员配置不合理，所谓的团队就无法发挥应有的作用。那么，怎样才算是人员配置合理呢？团队中至少要有以下5类人，如图1-1所示。

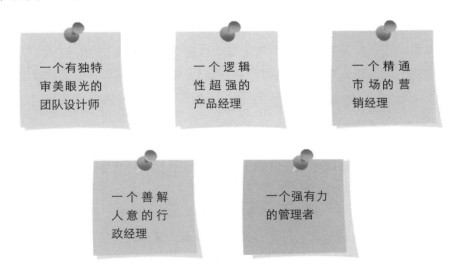

图1-1　团队中应该具备的5类人

（1）一个有独特审美眼光的团队设计师

团队设计师是个非常新潮的职位，在传统团队中根本没有这一职位，但在现代团队中却必不可少。因为现代团队十分注重结构是否合理，运营是否科学，而团队设计师主要职责就是对团队架构进行创意、策划和优化，以满足不同层次团队成员的需求，高效完成工作。没有具备一定审美的团队设计师从总体上把控，整个团队根本谈不上凝聚力、竞争力，无非就是一群人的集合，那么即使每个人都很有才华，也无法发挥出来。

团队设计师要有独特审美和视觉水准，有大局观，可以在复杂的约束条件下找到平衡或创新的方法。

（2）一个逻辑性超强的产品经理

无论什么样的团队，产品是根本，因此，团队中需要有一个逻辑清晰的产品经理。在互联网，尤其是移动互联网领域，产品经理已经成为团队中的"香饽饽"。人们对产品经理的期望也日渐提高，甚至称产品经理是对综合能力要求最高的岗位。一个好的产品经理，既要能敏锐地洞察到客户的需求，又要精通运营和推广；既要有对产品设计的独特审美能力，又要有统领项目的管理能力。

（3）一个精通市场的营销经理

营销，其实就是一门实战的学问，所以那些所谓的营销案例，并不能拿来生搬硬套。营销经理最重要的是根据企业团队的条件和资源，来策划营销活动，很多时候都需要摸着石头过河，切莫想一步登天。

企业团队特别需要一个既有过很多实战经验，又愿意弯腰干活的营销经理。当然，对这个营销经理，企业也必须得给予足够的信任和授权。其实这一点最难，因为营销在常人的理解中，不像财务、设计等工作，有其独有的专业性。再加之本身从业门槛偏低，所以很多时候就会被误认为人人都懂一些。但其实，大多数人也只是纸上谈兵而已，一个有能力的营销经理一定是最强调实战的。

（4）一个善解人意的行政经理

一个团队可以没有豪华的办公环境，可以没有完善的管理规范和福利制度，但必须得有人性化的关怀。试想除了合伙人、股东之外，其他员工为什么会进入团队？肯定是团队中有人性化的一面在吸引着，吸引他们为了自己的将来，愿意去拼搏一把。

如果团队里有一位善解人意的行政经理，可以在工作中时刻关怀和爱护员工，可以在制度和规范之内，给予员工适当的人性化管理，可以营造一种让下属在团队中自由自在，愿意跟团队荣辱与共的工作氛围，那么无疑会大大提升员工的积极性，高效率的工作和无穷尽的创意也会随之而来。

（5）一个强有力的管理者

一个团队能否成功，最重要的是什么？毫无疑问，是管理者，是掌舵的人。任何一支团队都会不断面临新目标、新挑战，尤其是在创业团队中，很少人能看清未来，找到真正可持续的盈利点。在这种巨大的不确定性面前，其他成员甚至包括管理者自己，都难免会彷徨、犹豫、挣扎。所以作为管理者必须足够勇敢，关键时刻能够站出来打破僵局，朝着目标不动摇，将执行做到位。

几乎所有成功的团队，都有三五个核心成员作为绝对支撑。这三五个核心成员就构成了团队的基本框架，日后团队规模再大，成员再多，也不影响团队的发展基础，从而牢牢保证了团队这艘"大船"不偏离航线，不迷失方向，乘风破浪达到终点。

1.3 团队组建应具备的基本要素

一个卓越的团队需要具备5个基本要素，这5个基本要素是目标（purpose）、定位（place）、计划（plan）、权限（power）和人员（people），由于5个单词的首个字母都为P，又简称"5P"。在组建一个团队的时候，5P要素必不可少，如图1-2所示。

图1-2 卓越团队需要具备5个基本要素

那么，这5个要素应该如何解释？他们之间又有什么联系？

第1章 团队组建，高质量工作必须靠团队完成

（1）目标

卓越的团队最显著的特征就是有共同的目标，这也是建立团队首先要考虑的要素。没有目标，就没有团队。因此，树立的目标要明确，要贯穿团队管理的始终，其他一切都是为目标服务的。目标就是团队要解决什么样的问题，要完成什么样的任务。只有拥有共同的目标，管理者才能带领团队驶向成功的彼岸。

人天生需要一种归属感，任何一种组织的诞生都是基于存在共同的需求。只有拥有共同的愿景才能够使团队的成员知道自己明确的角色和任务，才能把工作上相互联系、相互依存的人团结起来，从而真正组成一个高效的群体。如果没有共同的目标，那么团队就会岌岌可危。

（2）定位

定位指的是团队处于什么样地位。比如，团队是什么类型的，团队的工作任务是什么，团队是对谁负责的，等等。

针对团队的定位，就可以为团队制订一些制度和规范，以便使成员更好地融入到整个组织当中。

（3）计划

计划就是对团队成员的工作进行分配，也是目标得以实现的主要保证。团队计划应该是具体的、详细的、便于每个人执行的。因此，必须围绕目标制订实施计划，在制订过程中应该考虑以下10个问题。

1）每个团队有多少成员才合适？
2）团队需要什么样的管理者？
3）团队管理者职位是常设的还是由成员轮流担任？
4）管理者的权限和职责分别是什么？
5）应该赋予其他团队成员特定职责和权限吗？
6）各个团队应定期开会吗？
7）会议期间要完成哪些工作任务？
8）预期每位团队成员把多少时间投入到团队工作？
9）如何界定团队任务的完成？
10）如何评价和激励团队成员？

（4）权限

权限，是指团队成员身负的职责和相应享有的权力大小。在一个团队中，权责利的合理配置会影响整个团队的工作积极性及主动性。如果权责利不清楚，内部可能会出现相互推诿的现象。很多创业团队在初创的时候都是很团结的，但是后来内部出现分歧，导致分道扬镳，很大程度上是因为没有确立合理的权责利。如何确定团队的权限，需要弄清楚以下5个问题。

1）团队的工作范围是什么？
2）它能够处理可能影响整个组织的事物吗？
3）它的工作重心集中在某一特定领域吗？
4）不同团队的界限是什么？
5）你所组建的团队在多大程度上可以自主决策？

（5）人员

团队的最后一个要素是人员。等到目标、定位、计划、权限都确定好后，具体的执行还在于人。当然，每个团队的情况不一样，具体要用什么人，要综合考虑人员的能力、素质、学识水平等因素，看其是否能配合团队去完成既定的目标。

目标（purpose）、定位（place）、计划（plan）、权限（power）和人员（people），是一个卓越团队必须具备的5个基本要素。只有在团队组建中利用好每个要素，才能保证团队健康运转，充满活力。

1.4 团队组建应遵守的基本原则

团队是一群有着共同目标，并能为之奋斗的人的组合，而这种团队组建是有原则的，具体如图1-3所示。

（1）团队成员要高度认同团队目标

所谓目标认同，就是一致认可、认同团队目标，并能为实现这个目标自动自觉地行动。不要小看这点，认同与不认同，不仅仅是态度问题，而且会直接影响

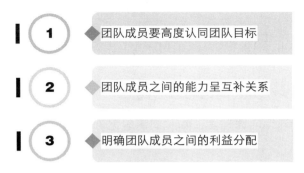

图1-3 团队组建应遵守的基本原则

到行为。认同的人，可能会发挥出200%的战斗力；而不认同的人，却可能只会发挥出50%的战斗力。同样的人做同样的事，认同团队目标与否，得到的结果就可能是天壤之别。

这种目标认同感对个人能力的影响是如此之大，因此在选人时一定要慎重。如果对方不认同团队目标，觉得你这是天方夜谭、痴人说梦，即使对方能力再强，也不要考虑把他吸纳进团队决策层。

一个团队之所以能决不放弃、奋战到底，很多时候并不是因为有多少资源，而是团队从上到下都认同并坚信着一个共同目标。这一点，在团队组建之初就要考虑进来。

（2）团队队员之间的能力呈互补关系

所谓能力互补，就是团队的核心成员之间，每个人都有比较突出的特殊才能，而且各不相同，互有补充。麻雀虽小，五脏俱全，有懂管理的，有懂技术的，有懂销售的，有懂客户的，这是构建强大团队的基本前提之一。团队强大的真正原因，不是只有某个人或某个方面强大，而是核心层的整体强大。

人都有自己的喜好，都喜欢找知音，跟自己喜好差不多的人，就容易被优先考虑。但是，如果要组建一个新团队，就要跨越这个思维定式。

作为团队的管理者，一定要明白，这不是要找自己喜欢的人才，而是要找团队需要的人才。喜不喜欢只是个人的小事，但团队需不需要却是事关前途发展的大事。

核心团队成员如果是两个人，就需要具备两种不同的能力，是三个人最好就要具备三种不同的能力，而且必须是相当突出的能力才行。不能重复建设，重复建设会造成团队内部矛盾，这对管理者和整个团队而言，都有百害而无一利。

寻找有不同能力的人，把团队的完整构架搭建起来，是团队领导者的任务。找有相应能力的人，让团队的某个部位充分发挥作用，是下一层管理者要做的工作。这两件事有着本质的不同。

（3）明确团队成员之间的利益分配

团队成员之所以追随管理者，除了追求理想外，利益也是绝不能忽视的重要因素。

这里需要说明的一点是，关于利益分配，创业团队和创新改革团队还稍有不同。对于一个创业团队来说，利益分配最好是股权分配，几个联合创始人每个人占多少股份，要事先就说清楚，形成书面合约。对于创新改革团队来说，利益分配可能更多地是表现为绩效考核，做到什么程度拿多少奖金，这也要事先明确下来。

不管是哪种方式，作为管理者一定要明白一点，团队的成功依靠的是集体的力量，凭个人之力是无法取得大的成绩的。如果只让下属干事，却不说干完后给什么报酬，或者干多干少一个样，就没人会卖力工作。所以，当团队取得阶段性战果时，就要懂得按照事先的约定分享成果，绝不能一人独占。

总的来说，组建团队要考虑的问题有很多，而且团队性质不同，所遇到的问题也会有很大差异。但是万变不离其宗，要想组建出一个卓越的团队，就要严格遵照上述3条基本原则。

1.5 培养下属的团队意识，主动融入团队

没有合作意识，缺乏团队精神，是很多人在职场失利的重要原因。有些人宁可孤军奋战也不愿与同事合作，所谓的工作成效都是靠单打独斗得来的。这样的人，即使工作十分高效，技术水平一流，也很难得到行政职务上的晋升。

在职场中，任何人都离不开团结、协作、相互支持。团队精神是一个人进入职场，参与竞争的一个必备素质。身在职场，最重要的不是你自己的工作能力有多强，而是你是否具有合作的精神。一个人做的蛋糕只有小块，大家合起来做的

第1章 团队组建，高质量工作必须靠团队完成

蛋糕才更大。

作为团队中的一员，每一个成员都要为团队服务，要为团队的利益考虑，互相配合，才会发挥最大的效用。

所以，作为管理者要鼓励成员融入团队，不懂得怎样与同事合作的人，往往也不懂得为团队的利益考虑，不懂得为大局着想。这样的人很难赢得同事和管理者的欣赏，而且很难在职场上取得成功。

 案例2 ▶▶▶

> 有一位大企业管理者曾经讲过一个发生在他身边的故事：在他的公司里有一个下属，不仅拥有出色的学历，而且在工作上也做出了很多成绩。按照他的才能，早就应该晋升到更高的职位，可是事实却并非如此，那些能力比他差的人都得到晋升，而他却一直停留在原位。
>
> 原来，这位下属做事喜欢独来独往，不能和同事非常融洽地相处。当同事需要协助时，他不是敷衍就是拒绝，而他也很少向其他同事求助，事事亲力亲为。
>
> 遗憾的是，这位下属并没有意识到自己的问题，反而认为自己的才华没有得到管理者的足够重视。终于有一天，管理者从大局出发，决定辞去他的职务。他非常不解地问管理者："假如我离开公司，你难道一点都不会心痛吗？"
>
> 管理者回答说："我当然会心痛，因为我将失去你这样一个有能力的人，但是倘若你伤害到我的团队，我一定会让你离开。"
>
> 这位下属之所以没有得到重用，不是因为他没有能力，而是因为他不懂得放低自己，让自己融入到团队之中去，并且与同事们打成一片。现在的企业越来越重视团队的力量，当管理者觉得某一个人会影响整个团队时，即使他的个人能力再突出，管理者也只好忍痛割爱。

案例中这位下属是典型的职场"独行侠"，总喜欢自己搞单干，不愿意与他人沟通。许多职场新人自以为实力强盛，认为凭借个人的能力，完全可以搞定一切。殊不知这种心态是最不可取的，因为工作不是单打独斗，任何事都不可能仅仅靠自己就能做成。

在现代社会中，不懂得与人合作很难获取事业的成功。人唯有融入社会，依

靠社会的力量才有可能获取事业上的成功。就像一个精明的商人，必须依靠众多的朋友才能做得成生意从而盈利一样。

然而，总有些人无法融入团队，抱怨怀才不遇，感慨工作环境不好，频繁跳槽。作为管理者一定要帮助下属融入团队，不做单打独斗的"独行侠"，具体可从如图1-4所示的3个方面入手。

图1-4　帮助下属融入团队的做法

（1）让团队成员之间能够无障碍地沟通

人与人之间的交流都是通过沟通才能够实现的。团队内部需要很多信息的交换，如果团队成员的沟通有障碍，那么，在沟通传递的同时就可能产生一些误差，导致团队当中出现很多问题，最终导致成员之间的互相责怪。这种情况将大大损害团队的凝聚力。因此，团队管理者应当给团队寻找到一种无障碍的沟通方式，使得信息在传递的过程当中不会出现差错，这其中包括沟通的工具以及沟通所使用的语言的标准。

（2）让团队成员定期参加团队建设活动

团队建设对于团队的凝聚力提高有着非常重要的作用。团队的建设活动为团队成员之间搭建了一个能够互相沟通的平台，促使团队成员之间形成比较深厚的友谊，这是在工作当中所不能够达到的一个结果。所以可以通过开展团队活动使团队成员之间的感情得到促进，也使团队的凝聚力进一步提高，从而让下属更好地融入团队。

（3）努力提高团队的凝聚力

凝聚力是团队的核心，然而，提高团队凝聚力需要比较长的时间。甚至在团队成员的选择上，就应该择优，尽量地吸收那些能够跟团队的整体氛围融合的人，这样才能够使团队凝聚力快速提高，同时也省去了大量的成本。这就要求管理者在选择团队成员的时候,对他们的各方面进行考查,从而挑选到符合团队需要的人。

／一个人没有团队精神难成大事,一个团队没有团队精神将成为一盘散沙。无论一个人还是一个企业,都需要有团队意识,只有积极与别人合作才能最终获得成功。管理者一定要明白这个道理,想方设法将下属团结在一起,并且努力地培养其团队意识。

1.6 培养下属的共赢意识,不做"独行侠"

共赢一词,在国际社会和外交中经常出现,它们已经成为人类谋求发展的共识。其实,在团队合作中,这也是最基本的处事原则,没有这个原则就失去了合作的基础。

一个缺乏合作精神,不懂得合作的人,很难会有所建树,也很难在激烈的竞争中立于不败之地。尤其在现代社会,孤家寡人、单枪匹马更难取得成功。"独行侠"在任何团队中都是不受欢迎的,因为每个团队都需要团结协作,形成合力,以达到共赢。从某种意义上讲,帮助别人就是帮助自己,合则共存,分则俱损。倘若因为心胸狭隘,单枪匹马去干事,放着身边的人力资源不去利用,结果只能是事倍功半,甚至更糟。

 案例3 ▶▶▶

> 井深大刚在大学毕业后进入了索尼公司,那时索尼还是一个只有20多人的小公司,但管理者盛田昭夫却对未来充满了信心。他对井深大刚说:"我知道目前公司实力有限,但是只要我们团结起来,就有希望壮大起来。你是一个优秀的电子技术专家,我要把你安排在最重要的岗位上——由你来全权负责新产品的研发,你觉得如何?希望你能发挥榜样的作用,充分地调动其他人。你这一步走好了,公司也就有希望了!"
>
> "我很愿意付出我的努力,为公司的发展而奋斗。但是您让我负责产品的研发,我觉得自己还不是非常成熟,虽然我很愿意担此重任,但实在怕有负

别吃了不会管理的亏：
带出卓越团队的10大管理工作法

重托呀！"虽然深井大刚对自己的能力充满信心，但是他也知道盛田昭夫交给他的担子有多重。

盛田昭夫立即十分严肃地说："假如你有这样的思想，说明你还不成熟。我之所以让你负责这件事，就是出于对你能力的信任。诚然，新的领域对每个人都是陌生的，一个人的力量也是非常有限的，但是只要你和大家联起手来做这件事，相信一定可以取得成功的。我相信你有这个能力！众人的智慧合起来，还能有什么困难不能战胜呢？"

刚才还忧虑重重的井深大刚听完盛田昭夫的话一下子豁然开朗："对呀，我怎么光想自己？不是还有20多个团队成员吗，为什么不虚心向他们请教，和他们一同奋斗呢？"

于是，他找到市场部的同事一同探讨销路不畅的问题，他们告诉他："磁带录音机之所以不好销，一是太笨重，一台大约45千克；二是价钱太贵，每台售价16万日元，一般人很难接受，半年也卖不出一台。您能不能往轻便和低廉上考虑、研发呢？"井深大刚点头称是。

然后，他又找到信息部的同事了解情况。信息部的人告诉他："目前美国已采用晶体管生产技术，不但大大降低了成本，而且非常轻便。我们建议您在这方面下工夫。"他回答："谢谢！我会朝着这方面努力的！"

在研制过程中，井深大刚又和生产第一线的工人团结合作，攻克了一道道难关，终于在1954年成功试制出日本最早的晶体管收音机，并顺利推向市场。索尼公司由此开始了发展的新纪元！

在索尼发展的整个过程中，井深大刚就好像一个足球队的队长，在团队中充分地发挥了灵魂向导的作用。他深谙共赢的重要性，能充分调动每一个下属的积极性，把团队的力量发挥到极致，终于公司取得了伟大的成功，而他也因此荣升为索尼公司的副总裁，实现了个人与公司的共赢。

世界营销大师阿尔·里斯曾说："很少人能单凭一己之力，迅速名利双收。"这就是说，单凭一个人的力量是很难取胜的，只有与他人合作，借助他人的力量才能够实现自己的目标。

在工作中，合作是极其重要的，合作则共赢，不合作则俱损。团队由一个个的人组成，团队的发展依赖于每个人的付出。同时，一个人也离不开团队，只有主动融入团队，才能利用大众的力量，减轻自己的负重。因此，一定要懂得与人合作，这不仅有利于提高个人自身业绩，也有利于提高团队整体业绩。

一个团队的成功离不开所有下属的共同努力。不管一个人多么优秀，都离不开其所处的团队。因此，每个优秀的下属都必须为团队兴衰成败负起应负的责任，也必须为每个同事的成败担起应尽的义务。全体下属的出色合作，会为整个团队的辉煌增添绚烂的一笔；每个下属的各行其是，也会为团队最终的瓦解给以致命的一击。

作为团队的一员，下属一定要时刻铭记自己的职责和使命，要认识到自己只是团队的一员，即使再受重视，再有才华，也不能以自我为中心。团队的性质决定了每个下属只是团队的一部分，而不是全部，每个下属都应该以实现团队的目标为中心。

合作精神就是顾全大局求共赢，"唇亡齿寒""皮之不存，毛将附焉"就是这个道理，所以，在团队中，一定要学会合作，懂得欣赏他人，充分发扬每个人的长处，扬长避短，资源共享，形成合力，才能取得"1＋1>2"的效果。只有力求服从全局，凡事从大局着想，不只单单考虑个体的利益，才能达成合作，实现共赢。

团队合作并不是一个人强迫其他人跟着他的步伐前进，而是怀着一种互谅互让的开放态度一起向前。参与的各方都必须找到共赢点，这样才会一起努力，因为最终的结果可以让所有人都从中受益。

1.7 培养下属的大局意识，团队利益最高

团队成员之所以能团结在一起，有大局意识是最关键的因素。团队需要每个人都有大局意识，只有意识上得到统一，各个成员之间才能有合作的基础，所有成员才能自觉地认同自己承担的责任，并愿意为此贡献自己的力量。也就是说，团队成员不能只为了个人业绩，工作中的每一次付出都应该围绕团队的利益进行。

在团队中，一个管理者强调更多的是大局意识，因为大局意识是团队精神、协作精神和服务精神的集中体现。大局意识的核心是协同合作，是全体成员的向心力、凝聚力。

所以，每个下属都要有整体意识、全局观念。只有这样，每个人在遇到问题时，才能够从团队的利益出发，以团队利益最大化为根本，为团体的利益而战。

在团队中,永远不能将个人利益凌驾于团队利益之上。在团队合作中,集体利益和共同目标是团队成员工作的前提。有时,为保证共同目标的实现,需要对以往的团队和工作进行调整,这可能就会与团队成员的个人利益和个人目标发生冲突,但是有大局意识的人往往会把团队的利益放在第一位。

在团队中,可能存在个别表现良好、业绩不错的下属,喜欢搞一些"英雄主义"。他们自私、自大,看不起其他团队成员,不愿接受别人的观点,也不允许别人反对自己的观点,这对他们个人、部门乃至整个团队都是极其有害的。优秀但缺乏大局意识的人,在团队中只会起到负面作用。

 案例4 ▶▶▶

> 李开复曾经讲过这样一个故事:
>
> 他的一位朋友是某大型企业的项目经理,有自己的团队,在团队里有一位明星下属,做事比任何人都快。但这位明星下属自大、自私,看不起每一个同事,总是向管理者抱怨。他的行为造成整个队伍士气低落,成员之间没有信任,缺乏默契,效率极差。
>
> 李开复的朋友没有及早意识到这一问题的危害性,反而认为那位明星下属非常优秀,一个人提高了整个团队的效率。于是,他重用并提拔了这位明星下属。后来,别的下属都慢慢地离开了他的部门,最后整个项目失败了。

一个人与整个团队相比是渺小的。缺乏大局意识、太过计较个人得失的人,永远不会真正融入到团队中!只有那些将团队利益放在第一位的人,才可能成为最终的受益者。

在现代社会中,只有团队整体的成功才意味着个人的成功,这将会是一个不争的事实,因此一定要将团队的利益放在第一位。

在现实工作中,很少有人会将团队利益放在个人利益之上。很多团队就如昙花一样,很快凋零,原因之一就是大多数团队成员缺少大局意识,只注重个人利益而忽视团体利益。

其实,应该把团队利益置于首位,强调团队利益高于一切。因为团队利益与个人利益是密切相关的,团队兴旺发达,团队成员才能从中受益,这个道理是再简单不过的了。但是,不知道有多少人没有真正地理解到其真正的内涵,以致最后团队解散,团队成员失去工作。在这个世界上,从来没有一个自私自利的人会获得最终的成功。

第1章 团队组建，高质量工作必须靠团队完成

有的人牺牲团队利益，只为保护个人的一时利益，可是这是用自己的前途和日后丰厚的利益为代价的，并不值得。其实，斤斤计较是十分不明智的做法，往往会影响个人和团队发展。最好的办法是选取一条互利之道，团结为本，规避矛盾，以团队的整体利益为重。

团队中每个人绝对不能总把个人的利益放在前面，不要凡事以个人为中心。管理者一定要时刻强调团队精神，注重培养下属的大局意识，使团队成员把团队利益放在第一位。只有这样，管理者才能够把下属团结在一起，最终实现团队共同的目标。

1.8 内耗，正在慢慢"吃掉"团队凝聚力

内耗是一种潜在的"毒"，从内部瓦解团队的战斗力；内耗也是一种慢性的病，表面上看无大碍，但长期下去就会危及团队，腐蚀消磨团队的凝聚力。内耗，是决定团队存亡的关键之一，远比外部竞争对团队的冲击要大得多。倘若不能够及早预防、及时控制，发展下去就会使团队不战自败，无法立足。

 案例5 ▶▶▶

> 某服装加工厂的两名员工，因为一件小事打架。挨打的一方气不过，联合厂里的十余位老乡，集体辞职，意在向管理者施加压力，要求严肃处理另外一名员工。
>
> 刚好厂里正在为了完成订单赶货，倘若同时走了十几个人，等于塌了半边天。管理者只好集中全力处理这起摩擦事件，最后以三名下属离职的结果将事态平息下来。
>
> 尽管这位管理者希望下属之间和睦相处，然而难免存在个别下属喜欢计较一些芝麻蒜皮的小事：小组长管理得严格了，就认定是在刻意刁难；在库房领到他们不喜欢做的布料，就觉得自己在企业受到了不平等待遇。下属间的争执往往需要更高层次的管理者表明自己的态度，予以调解。处理这些小纠纷，使得这位管理者常常分心，抽不开身去开拓新业务。

天时不如地利,地利不如人和。对于一个团队来讲,最可怕的就是不团结、相互拆台。管理层与下属、下属与下属之间的矛盾、冲突、不团结,这些都是内耗的具体体现。而这些内耗大多是由管理不当造成的,主要表现在两个方面,一方面是团队成员之间的人际关系紧张,另一方面是管理层与员工之间利益分配不均。

(1)人际关系紧张

人际关系紧张是内耗的主要表现之一。管理者经常做出承诺却不兑现,不与下属进行沟通,或沟通不畅,集体活动经常组织不起来;下属之间关系紧张,交往减少,小道消息盛行,人心涣散,情绪低落。

如果下属积极性没有被很好地调动起来,就可能出现消极怠工,甚至利用工作的空隙干私活、请事假去从事其他工作等情况。管理者要倡导和建设和谐的团队文化,消除团队内部人与人之间的紧张气氛,形成下属共同的价值观,才能有效地调动下属的积极性和发挥下属的创造性。

(2)利益分配不均

管理层与下属之间总是有利益矛盾的,管理层对团队的资产进行管理,以确保投资回报最大化,而团队下属则通过为团队工作,取得相应的劳动报酬。如果管理层片面强调股东资方利益最大化,而下属片面关注自己当前的薪酬,在对双方利益冲突没有进行良好沟通、协调的情况下,则很容易激化双方之间的矛盾,最终破坏团队正常的生产经营秩序,导致无法实施既定的团队战略。如果企业内下属对管理者极为不满,经常抱怨管理者的苛刻及企业其他制度的不完善,或者管理者有不正当行为,还可能会发生法院诉讼和罢工事件。

管理者与下属两者所代表的利益尽管有所差异,但管理者只要充分考虑下属的切身利益,同时能立足长远帮助他们成长,真正将团队的长远发展与他们的命运联系起来,就能增强下属的归属感和责任心。而这种归属感和责任心反过来又可以促进团队更加团结,降低内耗,从而保证团队的繁荣兴旺。

造成团队内耗有很多原因,从管理的角度来看主要是缺乏科学有效的管理。一些管理者管理水平低下,方法简单粗暴,缺乏现代管理知识,单纯依靠扣罚工资的手段,不尊重员工,不善于吸引员工参与管理,这在很大程度上影响和制约了团队成员积极性的发挥。

第 2 章

明确角色,
做好下属的导师和帮手

管理者在团队管理中,要明确自己的定位。在现实中有很多管理者无法确定自己的角色,据调查80%的管理者有因角色错位、角色缺位、角色模糊而导致管理工作无效、效率低下。一个优秀的管理者,应该明白该在什么时候充当什么样的角色。

2.1 管理者是协助者，不是主宰者

通用电器集团原董事长韦尔奇曾提出一个观点：企业培训应该让部门经理而不是培训师来做。有人问道："如果经理忙，没时间上课怎么办？"韦尔奇答道："那就永远不提拔这个经理，不愿意传授的人就让他自己玩儿去吧。"虽然有调侃的味道，但值得深思。作为团队的管理者，是领导，也应该是导师，期望下属出业绩，就得下功夫提升下属的能力。做个好导师，不仅让下属长本事，更能收获人心，大家心怀感恩，忠心效力。

管理者在团队中扮演着特殊角色，一个合格的管理者首先必须对自己的角色有清晰而充分的认识。因为团队中的管理者大部分都是从一线员工提拔上来的，而一线工作较简单，唯一的职责就是服从上司命令，做好本职工作；而当提升为管理者之后，之前单纯的执行者角色就转变为协调者、沟通者、决策者，从事的也多是管理层面的工作，而这类工作往往比较复杂，如果不及时转变角色，将难以胜任新岗位。

 案例 1 ▶▶▶

> 石某最初是一位推销员，在市场部做产品推广工作。自从进入公司以来，他立志在今后的工作中尽职尽责，做出一番业绩。他尽快熟悉了公司的业务流程，不断开拓新客户，对外宣传本公司，对客户遇到的问题也能热情处理，从不推诿；在工作之余还虚心向同事学习，默默地为公司尽自己的绵薄之力。
>
> 由于业绩突出，他一年后就被提拔为业务经理，独自带领团队，开始新的职业生涯。然而，顺利升职后的石某并没有风光依旧，他所带领的团队业绩连续六个月全公司垫底，纵使亲自上阵也难以改变团队的整体业绩。每到月底业绩评估的时候他都感到羞愧。

石某作为销售团队的全权管理者是失败的，即使自己有好的业绩，但没有管理好整个队伍，做好团队的领头羊。

以上案例说明要想当好管理人员,不是只有自己优秀就足够了,还要有带领团队一起成长的能力。想要提高团队业绩,对管理者的要求往往是比较高的。要求管理者善于改变,勇于突破,改变思考问题的固有模式,改变以往的工作方式。管理者要在保持个人业绩的同时,把更多的精力用到团队管理中。案例中石某最大的失败之处在于仍没有摆脱"单打独斗"的思维模式,即使个人能力很强,业绩突出,如果不能发挥整体的力量,团队的业绩也无法上去。作为一个管理者应该明白,自己在什么时候是领导者,什么时候是协助者,并在恰当的时候主动去协助下属。

人们常说,一个不想当将军的士兵不是好士兵,殊不知,由士兵向将军的跨越却不是件容易的事情。在此之前需要做好方方面面的准备,包括思想上的、技能上的、心态上的。下面就来看一下,新上任的管理者如何在最短的时间内做好角色的转换,可以从图2-1中的4个方面入手。

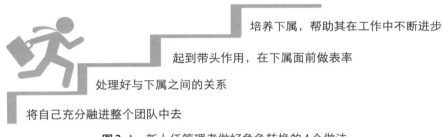

图2-1 新上任管理者做好角色转换的4个做法

(1)将自己充分融进整个团队中去

管理者必须充分融进团队中去,在下属面前避免有"一人之下,众人之上"的优越感,避免摆架子、打官腔。其实,这就是心态问题,很多人当自己谋取到一官半职之后就很难以一颗平常心态对待自己,难以坚持原则、负起责任、保持廉洁、注意形象。这是大忌,管理者在与下属相处时更要懂得融入到团队中去,多与下属谈心交流,与下属打成一片。要做好下属的助手,而不是主宰。要让下属觉得管理者既是上司又是可交心的朋友,这样下属才愿意接近,有心事找管理者谈心,有困难找管理者帮忙。也只有这样,管理者才有可能带领整个团队顺利前行,胜任自己的职位。

(2)处理好与下属之间的关系

与下属相处得如何,决定着团队的"民心向背"。处理好与下属的关系,是做好一名管理者的重要前提条件。试想，作为一名管理者，在下属中没有威信、没有号召力，指挥不动，那很难能带领下属做好工作。

从团队的角度来看，管理者是决策的组织者和带头实施者，下属是具体的实施者，假若组织者和实施者关系不好的话就会造成执行不力。比如，当新上任的管理者在贯彻团队最高决策和战略意图时，下属都不愿与其进行思想交流，甚至在执行时都不去全力以赴。这样，整个团队势必失去应有的凝聚力，管理者也无法起到应有的桥梁作用，更谈不上做好团队工作了。

（3）起到带头作用，在下属面前做表率

管理者是执行团队最高决策和战略意图的带头人，也是日常工作的组织者和实施者。所以，管理者在工作中必须严于律己，对自己要有一个更高的要求，做好带头作用，为下属做出表率，做出榜样，从而在下属心中树立良好的形象、强大的威信力，让下属自觉地跟着自己走。

做好带头作用还要学会宽以待人，不能以要求自己的标准去衡量下属。也就是说，对普通下属不要过于苛刻，相反要多看他们的长处，多表扬、多鼓励。即使有些人做得不是很令人满意，也应该先肯定其成绩，再指出其不足。

（4）培养下属，帮助其在工作中不断进步

不同的员工对从事的工作有不同的期望，有的期望可以加薪，有的期望可以升职，有的向往可以独立自主地做事情。帮助员工进步，更多地是为员工设定符合其价值观的目标，然后鼓励员工去实现。在员工取得成绩的时候及时给予表扬和鼓励，在员工绩效没达到目标的时候给予辅导或培训。

在现阶段，很多团队对员工的培养，更多是关注对员工的严格要求，培养其高度职业化的工作习惯，比如对员工工作细节的严格要求，对员工时间管理的严格要求等。

作为一个优秀的管理者，要明白该在什么时候，充当什么样的角色。在工作制订、任务下达时，应该充当管理者，下属是其追随者。当工作开始进展的时候，管理者就转变成一个服务性的人员，这时需要做的事就是为工作的顺利开展，去配合下属做好服务性工作，充当协助者角色。

第2章 明确角色，做好下属的导师和帮手

2.2 规划愿景，做每个员工的造梦大师

世界顶级管理大师班尼士曾对管理者的任务发表这样的看法："创造一个令员工追求的前景和目标，将它转化为大家的行动，并完成或达到所追求的前景和目标。"

当代美国著名外交家、国际问题专家亨利·基辛格也说："领袖的任务就是带领人们从所在之处到达他们从未到达之处。他做了一个远大的决策，树立了一个宏大的愿景，他还要把他的决策和愿景一一分享给他人，让他人了解到他所做的事业有多么伟大。"

大师们的言论都是对实践的精炼总结，纵观那些名企的成功，尽管是很多因素的综合结果，但都有一个必不可少的关键制胜因素，那就是企业拥有一个全体员工高度认可的愿景目标。如：可口可乐的愿景是"永远做饮料世界的第一"，这也是每一个可口可乐人的梦想和愿望；联想的愿景是"未来的联想应该是高科技的联想、服务的联想、国际化的联想"；华为的愿景是"在电子信息领域实现顾客的梦想，并依靠点点滴滴、锲而不舍的艰苦追求，使我们成为世界级领先企业"。

这些企业正是因为有了这样的规划愿景，才避免了走弯路。

优秀的管理者往往都主张以目标为导向，他们对于目标十分清楚，并且深知在目标和愿景的描绘和实践过程中，应该让每位成员参与、领悟和执行。因此，好的管理者既要制订团队目标，又要设法使每个人都清楚了解、认同团队目标，并以身作则，与团队成员一起为目标努力，进而获得他们的信任、支持。

 案例2 ▶▶▶

沃尔玛从成立到现在，堪称是零售企业的楷模。它的成功，就在于它有具体的、明确的、清晰的目标。

1945年山姆·沃尔顿创立第一家廉价商店时，制订的第一个目标是"在5年内，使我在纽波特的小店成为阿肯色州最好、获利能力最强的杂货店"。要想实现这个目标，那么商店的销售额就必须增长2倍以上，也就是从年销售额72000美元，增长到25万美元。看似不可能的事情，可山姆·沃尔顿却让他的商店达到了目标，成为阿肯色州和附近5个州获利能力最强的商店。

> 沃尔顿继续替他的公司制订惊人而清晰的目标。1977年时，他定出的目标是在4年内成为年销售额1亿美元的公司。
>
> 当然，这个目标又实现了。他继续替公司定出新的目标，以1990年为例，他定出一个新目标：在公元2000年前，使公司拥有的商店数目翻倍，并且使每平方米的销售额增加60%。
>
> 沃尔玛公司的一名董事罗伯特·康恩曾在一封信中这样写道："沃尔顿清楚表明一个目标，要在公元2000年前，把商店的数目增加一倍，并且把每平方米的销售额提高60%。更重要的一点（也是大家没有注意到的）是，他确实定出了1250亿美元的明确目标……"

愿景目标为团队未来勾勒出一张蓝图。任何一个团队或组织，如果没有一个长期的愿望、没有一个目标，就可能不知道应该干什么，它的资源就会非常分散，人心也就不能往一个地方聚，团队也不可能获得成功。相反，如果一个团队有了目标，就有了明确的终点线，团队管理者会清楚地知道自己的目标是否已经实现，团队成员也会清醒地向着终点线冲刺。

一个优秀的团队管理者必须要为自己的团队建立一个远大的目标，描绘一幅美妙的愿景，并激励全体成员为之奋斗，为之奉献。所以，在组建一支新团队，或者接手一个陌生团队之初，作为管理者就需要先对团队做出明确定位，设定精准的目标，让团队中每一个人知道为什么而做，如何做。

愿景目标是团队生存与发展的基础，同时对下属也是一种激励。愿景不是一种抽象的东西，而是一种具体的存在，它能够激励团队的所有成员在工作上达成共识，共同为团队的事业和使命奋斗。

因此，要想激励下属，管理者应善于不断为下属制订具有诱惑力的目标，让下属永远充满希望，与团队一起成长。

团队愿景目标是鼓舞斗志、协调行动的关键因素，其合理与否，关系到全体成员的利益。如果存在达成共识的愿景目标，就可以帮助发挥成员内在的潜能，激发每个人自动自发的工作意愿。一个被团队成员认可的目标，会对团队成员形成很强的吸引力和号召力，可以在提高团队成员主动性和积极性等方面发挥意想不到的作用。

在追求愿景目标的过程中，人们会激发出巨大的勇气，去做任何为实现愿景目标所必须做的事情。下属带着目标去工作，会激发无限潜力，也会树立把工作

第 2 章
明确角色，做好下属的导师和帮手

当作自己的事业的意识，并把团队其他成员当作事业伙伴，齐心协力合作。

对管理者自身而言，善用愿景目标去管理团队、激励员工，也是成功的保证。优秀的管理者常常把团队目标转化为团队成员个人努力的方向。而团队目标一旦被转化为个人努力的方向，就会对团队成员产生长久的激励，使其积极努力，迸发出无限的创造力。

每个团队都应该有明确的愿景目标，否则团队就失去了生存与发展的基础。如果管理者善于运用目标去管理，激励每个成员发挥个人潜能，通过团队目标整合团队的精神，那么必可建立一支战斗力超强、有激情活力和创造力的团队。

2.3 做好培训，强化下属能力助其高飞

下属的能力决定着团队的发展前景，而下属的能力由业务技能、个人素质等多方面构成。对于下属能力的强化，最主要的一个途径就是培训。因此，一个团队必须有完善的、科学的、有针对性的员工培训体系。

联想集团柳传志曾对下面的管理层说："刚进团队素质不高，不是你们的错，但过一段时间后还没提升，一定是你们的错！"这说明对下属培训非常重要。因此，团队必须营造育人的环境，建立人才培养机制，使人才不断成长，在工作中才更有拼劲。

日本松下公司的内部培训机制在业界久负盛名。为了培养人才，提升员工能力，松下团队制订了长期的人才培训计划，开设各种综合性的研修、教育讲座，团队还在日本及海外建立了多个研修所。

 案例3 ▶▶▶

> 松下幸之助说，松下是造人才的企业，同时也生产电器。所以在松下，人才的培训方式是多种多样的，培训不仅开心，而且开脑，也更开放。培训在松下无处不在，随时随地，人人都可参加。正是因为松下公司把人才培养放在首位，建立了一整套培养、激励、使用人才的办法，所以松下公司培养

出一支精英人才队伍。在事业部长一级的干部中，多数是有较高学历、熟悉管理、掌握一门或几门外语、经常出国考察、知识面广、年纪轻、精干而且雄心勃勃的人，这正是松下公司在激烈的市场竞争中能够实现高盈利的秘诀之一。

松下公司人才培养的有效机制，正是它能够长远发展的有力保证。

员工是团队最宝贵的财富。重视对他们的培训，能够提升团队绩效，引导团队形成共同价值观，增强团队凝聚力，构建和谐团队，使团队在激烈的市场竞争中，实现可持续发展。

培训是团队不可忽视的"人本投资"，是提高团队"造血功能"的根本途径。很多团队已不把培训当作一种成本，而是作为一种投资，一种激励方式，作为团队必不可少的经营活动之一。

要用培训凝聚人心、鼓舞士气，激励下属不断保持高涨的工作热情，情绪饱满地工作。

 案例4 ▶▶▶▶

西门子公司一贯奉行"人的能力是可以通过教育和不断培训提高的"。

西门子的培训体系非常完善。早期的培训是在车间进行的，后来建立了各类专门的培训学校，并有了专业的培训老师。旨在通过针对性极强的连续培训，提高全体下属的技能和素质，树立创新精神，不断提高企业及个人的业绩。

西门子公司认为：职工技术熟练与否，技术专家多与少，是能否增加生产、保证产品质量、保持竞争能力、赚取最大利润的关键。所以，西门子公司历任总裁都非常注重对职工的培训、培养，以提高他们的文化、业务水平。

为了使公司的广大职工真正得到培养，并且切切实实地提高业务水平，1922年，西门子公司拨款建立了"学徒基金"，专门用于培训工人，以便尽快使他们掌握新技术和新工艺。近百年来，公司先后培训出数十万的熟练工人。近年来，西门子公司还直接从厂内选拔数千名熟练工人送到相关的科技大学和工程学院学习深造。

此外，还有8万余名青年工人在5000多个技术学校、训练班、教育班学习。在德国同行业中，西门子公司的技术力量最为雄厚，熟练工人占全体职

第2章
明确角色，做好下属的导师和帮手

> 工半数以上，车间主任以上管理人员几乎都有工程师头衔，经理级别的管理层中技术人员占40%以上。高技术员工生产出高品质产品，这是西门子公司经营的法宝和打进世界市场的锐利武器。

如今是信息经济时代，团队竞争常常表现为知识、人才等软实力的竞争，想在市场竞争中立于不败之地的团队都必须重视对下属的业务培训。有的团队喜欢招聘有经验的人，来之能战，以求迅速为团队创造效益。但从长远考虑，还是培训现有员工比较"实惠"。如果能像西门子公司一样舍得花大力气培训自己的员工，必能起到事半功倍的作用。

关于培训的作用，美国人力资本之父舒尔茨的研究指出，投资于人力资本能比投资于物质资本获得更高的回报。研究证明，培训在工作中发挥着重要作用，提高10%的劳动力教育投资可以使劳动生产率提高8.6%，而同样价值的投入如果放在工具或者建筑上，生产率只能提高3.4%。另外一个研究发现，对工人从事新工作的再培训，在资金投入方面比重新招募新工人更加合算。

从这组数据看出，通过培训对人力资本投资能获得巨大的回报。培训在团队中的地位越来越重要，团队和个人都把培训看成了提高技能和绩效的有效方法。人们对培训的期望越来越高，培训的时间跨度也越来越长，投入的成本也越来越多。

美国通用电气公司前董事长拉尔夫·柯定纳说："目前和未来社会中科学技术的发展和社会关系的日益复杂化，不仅使下属的培训和发展成为必要，而且提供了可能性。美国通用电气单靠经营管理方法的改进和提高，就可以使未来的生产能力提高50%。"

也就是说，团队成员技能的提高将直接影响到团队的生产能力，使团队获得较高的工作效率和竞争能力，这也为团队的生存和发展提供了物质保证。作为团队管理者，要提高成员的素质，就必须构建一个能够主动应变、能够响应创新潮流的"教育+培训"的网络体系。

培训的最终目的是让团队成员受益，从而提高团队工作效率，获得高绩效。而实现这个目标，团队就必须充分考虑广大成员的利益需求，不断为成员提供可自由发挥的空间，让成员在自我培训中获得超越与发展。

2.4 确立目标，让下属更好地完成任务

每个人似乎都有自己的目标，有的人想要好工作，有的人想要很大的房子，有的人想要高收入。可是，又有多少人想过，什么工作才算好工作？多大的房子才算大房子？多高的工资才算高收入呢？对此，恐怕大多数人头脑里没有明确的概念。

其实，这就相当于没有目标。好工作、大房子、高收入貌似是目标，但由于没有明确的实现标准，则不能称之为目标。一个真正的目标，必须避免模糊不清。模糊的目标是不可实现的，而一个可实现的目标则是具体的、详细的、明确的、可执行的。

比如，想拥有一栋很大的房子，描述这个目标就不能只讲"大"或"好"，而应该具体确定它的面积、位置以及购买价格。并且还要列出一个计划，引出自己怎样做才能够买到这样的房子，最后为之奋斗。

案例5 ▶▶▶

美国前财务顾问协会总裁刘易斯·沃克在接受一次采访时，被记者问道："究竟是什么原因让很多人与成功无缘呢？"

沃克爽快地回答："是模糊不清的目标。"

记者露出了疑惑的表情，沃克进一步解释道："我刚才问过你一个问题，即你的目标是什么。你告诉我，是有一天想在风景秀丽的郊区买一栋别墅。我可以告诉你，这就是一个模糊不清的目标。我想请问你，'有一天'是哪一天呢？郊区又是哪一郊区呢？郊区的别墅各种各样，价格也各不相同，你想买什么样的呢？如果你不能明确回答这些问题，我可以很明确地告诉你，你成功实现自己目标的机会并不大。"

"我的建议是，如果你想实现自己的目标，就算五年内实现吧，你先算出你想买那栋别墅现在需要多少钱，然后计算通货膨胀，估算出五年后这栋房子的价格；接着，你得计算为了实现这个目标，你每月需要赚多少钱。然后衡量自己，现在是否能赚那些钱。只有经过此番计算，你才可能在不久的将来实现这一目标。但如果你只是说说，目标是根本不可能会实现的。"

刘易斯的建议就是一个量化了的目标。

案例5引出了当前团队中存在的一个普遍现象：大部分团队成员缺乏明确的工作目标，而作为管理者又不会帮助成员去确立目标。

作为管理者有义务、有责任帮助团队成员确立目标，以让他们更好地完成工作任务。被称为"20世纪最伟大的CEO"的杰克·韦尔奇认为，管理者第一要务就是"设立愿景，使愿景体现在生活作息中，并激发团队去实现它"。除此之外，还有很多企业家善于利用"共同愿景"管理下属。例如，比尔·盖茨的"使每一个人桌上都放置一台电脑"，亨利·福特的"使汽车大众化"，这些愿景从广义上讲也是一个目标，只不过这个目标放得足够大，是整个团队为之奋斗的长期目标。

如果把团队目标再具体化一些，就是个人的工作目标。当下属没有明确工作目标时，管理者就需要协助他们制订一份计划，让目标量化，明确起来。明确的目标为行动指明了方向，让人在前进道路上避免走弯路。当一个人目标明确时，他就能够随时将自己的行动与目标进行对照，从而清楚地发现自己的行动是否与目标一致。只有这样，才能保证自己不偏离目标的轨道，而且因为有目标在前，才能克服一切困难前进，努力达到目标。

博恩·崔西是世界一流效率提升大师，他说："成功最重要的是知道自己究竟想要什么。首要因素是制订一个明确、具体而且可以衡量的目标。"

所以，管理者要帮助下属树立一个明确的目标，并让他们对这个目标的追求变成一种执着。这时，你就会发现他们所有的行动都向着这个目标前进，因为明确的目标是源自内心最原始的驱动力，有了这股力量人自然会全力以赴去做。反之，一个人倘若缺乏明确的目标，就缺乏灵魂和主心骨，容易无所事事、随波逐流。

那么，如何帮助下属制订工作目标呢？可采用以下步骤，如图2-2所示。

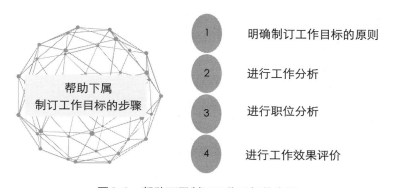

图2-2 帮助下属制订工作目标的步骤

（1）明确制订工作目标的原则

制订工作目标需要遵从一定的原则，否则即使制订出来也很难执行下去，这样的目标形同虚设。管理者在工作量、工作任务以及执行难度上比下属了解得更多、更深入，因此必须帮助他们明确制订工作目标的原则。

制订工作目标的原则是SMARM原则，这个原则可以理解为SMART原则的变异。SMART是管理学上一个著名的原则，适用于很多场景。但在本书中，笔者对此进行了变异，不同之处就是用最后一个M（mutual recognition，互相认可）原则，替代了原先T（有时间限制的）原则。具体如下：

1）明确具体的（specific）：有明确具体的结果或成果。
2）可以衡量的（measurable）：可以衡量，包括质量、数量、时间或成本等，或能够通过定性的等级划分进行转化。
3）可实现性（attainable）：既有挑战性又是可实现的。
4）相关性（relevant）：与企业经营目标密切相关。
5）互相认可（mutual recognition）：上级和下属均认可所设定的目标。

（2）进行工作分析

制订工作目标前提是充分了解这份工作。因此，管理者有必要帮助下属充分了解自己的工作，包括了解公司发展战略及年度绩效计划，了解本部门的工作使命。

具体可以通过以下问题进行工作分析：

1）本部门在企业中及价值驱动流程中处于何位置？
2）部门的主要经营活动及产出是什么？
3）通过该部门的工作实现了组织的哪些战略目标？
4）工作成果的优劣如何影响组织的整体效益？
5）在关键管理流程中与其他部门的合作及相关性如何？

（3）进行职位分析

职位分析是一种对目标职位所从事的活动、主要目的及与其他职位间的相关性进行分析的能力。

具体可以通过以下问题来进行职位分析：

1）本职位在组织中或工作中的关键作用是什么？
2）应从事哪些工作活动来帮助实现其在组织中的作用或上一级的绩效目标或

下道工序或客户（内、外部）期望？

3）目前该职位的工作结果是如何衡量的？

4）客户（内、外部）对该职位的主要期望有哪些？

5）除了常规要完成的工作活动内容以外，还要完成哪些特殊项目来帮助实现上一级绩效目标及改进本职位工作流程？

（4）进行工作效果评价

对工作效果进行评价，是对工作目标完成程度的一种考核和监督，可以大幅提升工作效率，有效改进工作绩效。评价可以分为三级（也可以根据不同目标的特点，以及可以区分的程度进一步细分为五级甚至更多），包括以下内容。

第一级为未达到预期：员工职责范围内的关键工作中，数项或多数未达到基本目标；关键工作表现低于合格水平，妨碍了上级单位整体业务和本单位整体业务目标的实现；未表现出任职职位应有的个人素质及能力。

第二级为达到预期：员工在职责范围内，大部分关键工作达到了基本目标；在少数领域的表现达到了挑战目标；为上级单位整体业务和本单位工作目标做出了贡献；表现出了稳定、合格的个人素质与能力。

第三级为超出预期：员工在职责范围内许多关键工作中，实际表现达到挑战目标；成功完成了额外的工作，并为上级单位的整体业务目标和本单位工作目标的实现做出了贡献；表现出了超过预期基本目标要求的个人素质及能力。

有什么样的目标就会有什么样的未来。一个好的管理者应该协助下属制订详细可行的目标，并帮助其一步步地去实现。只有这样下属才能够成长起来，才能够成为职场精英。

2.5 制订目标，协助下属制订具体目标

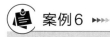 案例6 ▶▶▶

一位老农一心想让儿子早点学耕种的本领，于是就让他下地干活。父子两人在田地里同时耕地，一个左边，一个右边，齐头并进。很快父亲就完成

> 了左边的一垄，从头到尾做得非常好，而儿子只完成了一半，而且犁得弯弯曲曲。
>
> 父亲回头望望仍在田地中央的儿子，无奈地摇摇头。
>
> 他对着儿子喊："你都犁歪了！这样漫无目的的犁法是不行的！瞧这儿，眼睛要盯着前方，一直往前走，就不会犁歪了。"
>
> 听到父亲的喊声，儿子看了看前方，正好有头牛从路边路过，于是边盯着牛边前进。
>
> 10分钟以后，父亲回过头来看时，儿子仍然犁得弯弯曲曲。
>
> "停住！停在那儿！"父亲喊。
>
> 儿子看着父亲。
>
> "你没照我说的去做吗？"
>
> "我是按照你说的在做，一直看着前方的那头牛。"
>
> "你朝着前面的那棵树走下去。"
>
> 儿子按照父亲说的去做，果然做到了——犁痕从头到尾笔直。

这个故事告诉我们，无论做什么事情只有有了明确的目标才能做好。正如儿子学耕地：第一次漫无目的前进，犁歪了；第二次虽然有目标，但由于盯的是移动的牛，也犁歪了；而第三次盯着前方一动不动的树，终于做到犁痕笔直。这说明一个道理，人做任何事情都必须朝着一个稳定的方向前进，如果总在两个或多个方向之间来回动摇，那永远无法到达目的地。

目标是一个组织存在和发展的基础，小到三五个人的团队，大到几千个人的大型企业，没有明确的目标指引，都会失去前进的方向。纵观那些优秀的企业、卓越的团队，都有着坚定不移的目标。微软公司，在做产品研发时有超过3000名开发工程师和测试人员参与，写出了5000万行代码，如果没有明确的团队目标，没有全部参与者的默契合作，研发工程是根本不可能完成的。

因此，对管理者来讲，对团队进行管理，首先需要先为自己的团队制订明确的奋斗目标，用团队目标来激励下属努力工作。

关于目标的重要性，已是众所周知，毋庸赘述。需要指出的是，有些管理者只停留在知道的层面，而在具体执行时却不见效果。很多团队的目标，仅仅是在表面上看起来宏大、振奋人心，却缺少具体的落实行动。在大大小小的会议上，管理者强调最多的就是个人目标要符合团队（项目、公司）的目标。其实，这种

第2章
明确角色，做好下属的导师和帮手

行为仅仅是喊口号，而非行动和方向。结果就是管理者安排什么，下属就干什么，只是做好本职工作而已，当一天和尚撞一天钟。这样就可能导致目标无法执行，更别说提出改进意见和方案了。

因此，在协助下属制订具体目标时要着重关注两点：第一点是目标的执行，第二点是团队目标与个人目标的关系。这两点都是进行目标管理需要特别注意的。

无法执行的目标并不能称之为目标，目标实现的一个重要前提就是具有可执行性。因此，目标的制订必须切合实际，具有实践性和可操作性。

 案例7 ▶▶▶

> 某公司在制订年销售目标时，将时间具体到每月每日，非常清晰，便于员工执行，同时使团队利益与个人利益得到了最大的平衡。
>
> 该公司销售目标是这样制订的：
>
> 全年总目标销售额是200万元。为确保任务的完成，公司把目标分解到四个季度，然后确定每个季度有多少课程，每个课程应该找多少学员才能满足目标，最后再把季度目标细分到每月、每周、每天。
>
> 通过一年的努力，该公司每位员工的工作能力都有了显著的提升，而且还有超额完成目标的现象。
>
> 有效的目标细分管理不但可以提高业绩，还可以提升员工自信。据该公司一位员工讲述："我发现我现在更加自信，如果去年是7分自信，今年我已经有了9分自信。这是我从多次业务活动中得到的'回报'。这将更有利于我和客户建立联系，客户会因此更信任我，信任我们的公司。在实现这个目标的过程中，我会看到我每个月的收入都在××××元以上。我和客户接触的时间以及有效电话沟通的时间越来越长，和我做朋友的客户越来越多——比去年增加一倍。"

目标只有经过细分才可能更好地实现。然而有些团队，一项目标制订下来，管理者只顾催着大家马上完成，却忽略了一个很重要的问题，就是如何让这个目标更好地实现。最有效的途径就是将这个大目标细化，细化成可执行的个人目标，并使之尽量地贴近员工的利益。人只有在自己基本利益得到满足时才可能全身心地投入到更远大的追求上。

有些团队，由于团队目标与个人目标脱节，员工的个人利益几乎得不到保证，致使他们不得不放弃团队目标。或为了跳槽，花大量的时间进行相关资格考试，而对本职工作只抱应付态度；或虽然"安心"工作却沉迷于小我，斤斤计较……

个人目标与团队目标不一致，可能会导致团队成员为了追求个人目标而破坏和降低团队凝聚力，从而使团队很难做大做强，甚至被市场淘汰。

一切以团队利益为先，这样才能使每个人更高效、更出色地完成自己的工作，促使团队更高效地运转。所以，个人在制订目标的同时，必须要认同团队文化，考虑到团队的总目标，以及团队中其他因素的影响，把个人目标和团队目标牢牢地结合在一起。

管理实践
小贴士

2.6 监督下属，让下属高效地完成工作

在团队中，很多下属看似勤勤恳恳，忙忙碌碌，工作效率却非常低，每到最后工作还是一塌糊涂。更有甚者，开始抱怨工作辛苦，付出的努力换不回成绩。其实，出现这种情况，主要还是在于管理者没有把监督工作做好。

事实上，团队中每天可能有接近一半的人在按照低效率的标准和方法工作。也许这些团队成员也想把工作做好，但却不知道怎样迅速高效地去做，于是大量时间白白浪费在无意义的重复劳动上。

 案例8 ▶▶▶

小林大学毕业后进入一家合资企业，工作后只有一个感觉：忙。她从事的是会计工作，记账、理账、订账，期间还要不断接待访客，或联系有业务关系的单位。每天早早上班，迟迟下班，忙得像个陀螺，仍觉得活还没做完。

一天上午，上司让小林到办公室去。落座后，上司用很关切的口吻问她近来的工作情况。小林把进单位后的忙碌、所做的事务详尽地做了汇报，末了，还表达了"我忙碌，我快乐"的感想。小林凭本人的感觉，以及上司听她汇报时的神情，以为自己要受到表扬。

不料上司听了她的汇报，沉默半晌说："在你之前的会计老王，是单位的

第2章 明确角色，做好下属的导师和帮手

> 总账会计，兼管了下面一个小厂的账目，还不算紧张。你顶替了他的位置后，我怕你一时不适应，就没让你兼职。我观察了一些日子，看到你非常忙碌。这样吧，给你两天时间休息调整，把电话、手机关了，天塌下来也不要管，两天后再来上班。"
>
> 依照上司的吩咐，小林把自己关在家里，断绝了一切与外界的联系，专门思考如何改进自己的工作。再次上班后，小林把近期手头的工作列了个清单，然后排了个顺序，用电话一一安排下去，对前来报账、结账的人边接待边告知他们下次来的时间段……又经过两天的调整，她办公桌前围着的人少了，电话也不一个劲儿地响了，她也有空站起来泡杯茶，跟同事们说说话了。半个月后，上司再次找她，把那个小厂的账目也一并交给了她。

在这个快节奏的社会，无论做什么工作都必须讲究效率。管理者如果只是每天把工作布置下去，但从不监督，对下属的完成情况不闻不问，那么这样的布置毫无意义。作为管理者，应该一面布置工作、下达任务，一面还要监督相关人员按时保量地完成。

那么，作为一个管理者应该如何监督下属，让其更加有效地工作呢？最有效的就是引入时间管理。

（1）时间管理的概念和核心

时间管理是指利用技巧、技术和工具帮助人们完成工作，实现目标。其核心不是提倡要把所有事情做完，而是更有效地运用时间，将有限的时间投入到最有益处、最有成就的事情中，以期获得最大的回报。

（2）为时间设立预算

为时间设立预算是时间管理的重要战略，是时间运筹的第一步。凡事预则立，不预则废。可以说，时间管理的关键是预算，倘若不做就无法充分利用时间。

时间预算是研究个人和社会群体在特定周期内，用于不同目的的各种活动时间分配的一种方法。现在被广泛运用在团队管理中，作为一种测定工作量和工作效率的工具和尺度。

那么，管理者如何做好下属的时间预算？可以按照以下6个步骤进行，具体如图2-3所示。

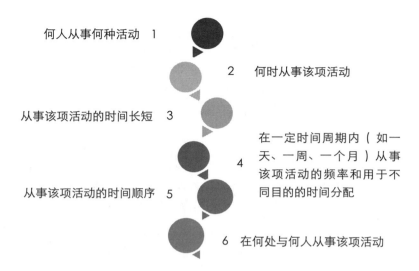

图 2-3　做好下属的时间预算的步骤

（3）对事情进行梳理

为了更有效地对时间进行管理，还应该把手头要做的事情进行梳理。管理者应帮助下属根据其工作的目标，把所要做的事情制订一个顺序，依次排列，并记在一张纸上，这样就成了时间表。养成这样一个习惯，会使下属每做一件事情就向目标靠近一步。

另外，还必须考虑的一个重要的问题，那就是如何突破时间管理所受到的限制。任何目标的达成都会受到人、财、物三种资源的限制，而客观地找出具体的限制因素，并寻求不同的突破方法，可使目标达成的可能性提高，以避免理想成为梦想，时光白白虚度。

（4）对时间管理的效果进行定期评估

对时间管理的效果进行定期评估就是要经常检查某一时期内的既定目标是否如期完成，完成效果如何。具体可以通过记工作日志，将完成每件事所花的时间记录下来，以清楚地了解计划的进度是否超前或落后，掌握限制时间管理的可能性因素，从而重新调整或改进计划，使整个时间的安排贴近实际。

人都有惰性，通过监督可以有效规范和约束人的行为。作为管理者一定要监督下属，让下属去努力寻找最佳的工作方法，在有限的时间里最大程度地去发挥聪明才智，将工作做到尽善尽美。

第2章
明确角色，做好下属的导师和帮手

2.7 关心下属，做好工作之外的"工作"

如果说团队是一个"大家庭"，那管理者就是这个家庭的"家长"，需要努力为下属营造"家"的感觉，给下属以关心和照顾。一个团队假如只关注利益，只想着赚钱，把下属当做机器，这样的团队是很难留住人才的。

所以，一个优秀的管理者应该眼中有下属，发自内心关爱下属，尤其是要关心下属工作之外的生活、情感。管理者不能仅仅把上下级关系理解为利益关系，而是应该关心下属，这样下属才会把团队的事情当作自己的事情来对待，能够主动工作以及自我管理，团队的经营目标才能够得以更好地实现。

一些团队管理者把下属看作自己赚钱的工具，无休止地要求下属为自己做事，却从来不予以一定的关怀。有管理学家曾诘问这些管理者：怎么能够一边歧视和贬低下属，一边又期待下属去关心质量和不断地提高产品品质呢？这样的管理者无疑是不合格的，这样的团队终究也不会发展长久。高明的管理者会想尽办法在团队营造家的氛围，让下属在团队里也能感受到家的温暖和关爱。

 案例9 ▶▶▶

> 原东芝电气董事长土光敏夫平易近人，十分关心下属，能与所有的下属倾心交谈，打成一片。在任期间他还经常亲临工作现场视察，几乎跑遍了全日本的所有工厂。
>
> 一次，他在前往工厂的途中遇上了倾盆大雨，但仍坚持赶到目的地，并在雨中和职工亲切交谈，并反复阐述"人是最宝贵的财富"。职工们都很认真地倾听了他的每一句话，并深受感动。
>
> 当他将要乘车离去时，工人们将他的车团团围住，敲着他的车窗高声喊道："社长，您放心吧，我们一定努力工作！"面对这些工人，土光敏夫热泪盈眶。日本索尼公司前总裁盛田昭夫在他的《日本制造》一书中也曾这样讲过："所有成功的日本公司的成功之道和它秘不传人的法宝，既不是什么理论，也不是什么计划和政策，而靠的是人。确切地说是'爱人'。只有'爱人'才能使你的团队走向成功。日本经理最重要的工作就是发展与下属之间的那种微妙的关系，和下属建立一种情感，把公司建成一个充满感情、充满爱的大家庭。"

案例10

柳传志一直希望将每个下属都变成血脉相连的亲人,把联想公司打造成一个"没有家族的家族企业"。在联想的发展历程中,柳传志用自己的实际行动,履行着"亲情化管理"的理念,正是因为这样,才保证了联想团队极高的忠诚度。柳传志视下属为亲人的理念,已成为联想人共同构筑"联想大家庭"的重要精神与情感纽带。

在1988年,联想公司才创办4年时,公司资金并不是很宽裕,而这时物价上涨较快,尤其是肉价涨幅更大。柳传志担心下属生活受影响,通过公司管理层集体决策,投资了10万元,在山东聊城办了一个养殖场,并聘请专人负责养殖,为下属提供生活中所需的食用肉类。

还有一个例子,就是联想有名的"72家房客"。那是在1992年,已经有很多大学毕业生加入了联想,这时他们的住房问题日益突出,因为住房问题影响着下属的婚姻与家庭。为此,在柳传志的倡议下,联想为下属提供贷款担保,下属只需出首期付款,就可以在北京拥有一套房。当年,联想的72名年轻下属圆了住房梦,这里面就包括后来分掌联想集团的杨元庆和神州数码的董事长郭为。

柳传志身为企业的掌舵者,给予了下属无微不至的关怀,这令当时很多员工立下这样的决心:"这辈子在联想干定了,一生一定交给联想!"试想,一旦下属集体萌生出对企业如此深厚的情感,将会爆发出怎样的能量?可谓"人心齐、泰山移",又何愁团队不会发展壮大?

那么,管理者如何才能真正做到关心下属,令下属对团队产生依赖和自豪感呢?具体可从以下3个方面做起,如图2-4所示。

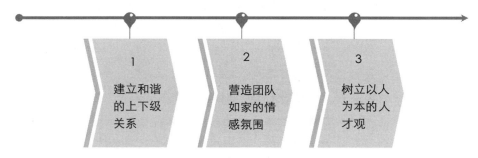

图2-4 管理者关心下属的表现

（1）建立和谐的上下级关系

上下级关系其中包括自上而下的利益关系，管理者应该让处于团队内部各个层次的人在发挥自己作用的同时，有一个相应的回报。但是想要建立和谐的上下级关系，除了要保证良好的利益关系之外，管理者与团队成员之间还应相互尊重。人与人之间的温暖和快乐同样是团队管理的大事，从人性上说这是一种需要，从经济角度上讲，这更加有利于团队获得稳定的利润和长久的发展。

（2）营造团队如家的情感氛围

管理者对待团队成员要做到严格要求与情感关怀相结合，将"家和万事兴"推行到团队中，在团队创造一种家庭式气氛，互相尊重。经营管理不能只靠制度，更重要的是靠人。只有上上下下有感情、合作得好才能调动每个人的才能，发挥每个下属的最大潜能。

（3）树立以人为本的人才观

以人为本，对于任何一个团队来说都是成功的关键。人与人之间需要以诚相待，管理者和下属要心心相印。

一个团队内部，管理者与下属之间是什么关系，很大程度上取决于管理者怎样对待下属。能够体贴、关心下属，两者就是鱼水关系，下属这条鱼就不会离开团队这池水；倘若管理者仅仅把下属看成是工作的工具，对其缺少人文关怀，两者就是油水关系，彼此貌合神离，下属也完全是拿薪水做事，缺少积极主动的工作热情；倘若管理者把下属当成剥削的对象，剥夺甚至压榨下属的既得利益，那两者就会是水火关系，彼此形成对立。

每个下属都是有血有肉的人。作为一个管理者一定要了解这一点，并且在适当的时候，要能站在下属的角度上，设身处地为其着想，只有这样才会赢得下属的真心拥戴。

第 3 章

识人用人，
识人用人是管人的基础

管理者对"人"的理解与重视度，会决定团队能释放出何种程度的潜力。而对人的理解和重视度具体体现在识人用人上，识人是管人的基础，用人是管人的手段。管理者要对自己的下属有清晰的认识，并根据其特长充分发挥他们的才华。

第3章
识人用人，识人用人是管人的基础

3.1 天下没有无用之人，只有不会用人之人

木桶原理在团队管理中备受推崇，很多管理者坚定地认为，下属最短的那块板最终决定了他在团队中的价值。或许正因如此，一些管理者把管理重心放在了如何补足下属短板上，即刻意规避下属的劣势和不足，一味地去纠正他们的弱项。

其实，随着现代团队中分工越来越明确，专业化程度越来越精细，发挥下属的优势远远比弥补劣势和不足重要得多。就像偏科生与其把大量时间用在不擅长的科目上，不如将自己的优势科目发挥到极致，因为花的时间可能同样多，收获却会大不一样。

每个人各有所长，能力高低不同。一个好的管理者要能发现和发挥下属的优势，在选拔人才时需要看重其优点，规避其缺点，要善于根据优点选人，并恰当地委以相应责任。这样才能使每个人充分发挥自身的优势，在自己的岗位上各司其职，在工作中做出贡献。

 案例1 ▶▶▶

> 一次宴会上，唐太宗对王珪说："你善于鉴别人才，尤其善于评论。你不妨从房玄龄等人开始，都一一做些评论，评一下他们的优缺点，同时和他们互相比较一下，你在哪些方面比他们优秀？"
>
> 王珪回答说："孜孜不倦地办公，一心为国操劳，凡所知道的事没有不尽心尽力去做，在这方面我比不上房玄龄。常常留心于向皇上直言建议，认为皇上能力德行比不上尧舜很丢面子，这方面我比不上魏征。文武全才，既可以在外带兵打仗做将军，又可以进入朝廷搞管理担任宰相，在这方面，我比不上李靖。向皇上报告国家公务，详细明了，宣布皇上的命令或者转达下属官员的汇报，能坚持做到公平公正，在这方面我不如温彦博。处理繁重的事务，解决难题，办事井井有条，这方面我也比不上戴胄。至于批评贪官污吏，表扬清正廉署，疾恶如仇，好善喜乐，这方面比起其他几位能人来说，我也有一日之长。"
>
> 唐太宗非常赞同他的话，而大臣们也认为王珪完全道出了他们的心声，

都说这些评论是正确的。从王珪的评论可以看出唐太宗的团队中，每个人各有所长；但更重要的是唐太宗能将这些人依其专长运用到最适当的职位，使其能够发挥自己所长，进而让整个国家繁荣强盛。

唐太宗用人最看重的是个人的优点而不是缺点，利用个人特有的才能再委以相应责任，使其各称其职，这样才会使诸方矛盾趋于平衡。

治理一个国家如此，管理一个团队也同样如此。每个下属各有所长，管理者如何依照每个人的才能安排最适合的职位，使其能够将优势发挥出来，这是做好团队管理最关键的问题之一。如果管理者给予的职位与下属的才能不匹配，他们就无法发挥对团队应有的作用。在这个世界上，永远没有无用之人，只有不会用人之人。

管理者不能单凭一件事情的表象就对下属下定论，而应该善于发掘其优势，并且善于看深看远，综合评估，既不能只夸大下属优点而看不到其缺点，也不能够只看到下属缺点而看不到其优点。一个管理者如果没有发掘潜在人才的观念或眼力，而是非常盲目地认定"某某无用"，这就犯了用人的大忌。

那么，管理者应该如何权衡下属的优缺点呢？具体做法有4点，如图3-1所示。

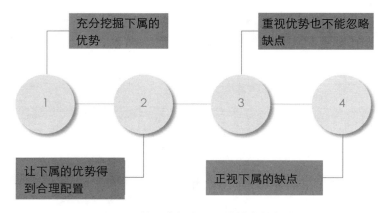

图3-1　管理者权衡下属优缺点的方法

（1）充分挖掘下属的优势

作为管理者要善于用人之长，充分地发挥他们的才能，利用他们的优势资源。会用人是一种本事，也是一种艺术。它需要具有伯乐的智慧，既要通晓人性的各种弱点，又要懂得灵活运用为人处世的各种技巧。人们常说，磨刀不误砍柴工。

作为管理者，必须不断挖掘下属身上的优点，并将其优点不断放大，当下属表现好的时候给予认可和鼓励，这样才能起到一定的激励作用。

（2）让下属的优势得到合理配置

智者取其谋，愚者取其力，勇者取其威，怯者取其慎。只有将人力资源进行最有效的配置，才能够促使团队在市场竞争中立于不败之地。现代社会的竞争，其实就是人才的竞争，人才不代表没有缺点，如何科学、合理、有效地对下属的优势进行配置是每个管理者必须面对的重要问题。

（3）重视优势也不能忽略缺点

任何事物都有它的两面性，关键是如何看待它。水晶刚出土时，是一块黑乎乎的东西，倘若据此判断是废物而扔掉，岂不是十分可惜？从古到今，凡是想成就一番事业的人，总是有着与众不同的个性和特点。因此，一个管理者在用人的时候一定要坚持"两分法"，既看到下属的缺点，也要看到下属的优点。

（4）正视下属的缺点

人非圣贤，孰能无过。人不可能做到十全十美，管理者必须正视下属的缺点，而不是选择忽视。在面对下属的缺点时，管理者应有一个正确的态度，要认识下属的错误并包容对待。管理者对下属的缺点和毛病，一定要及时指出，给他改正的机会并为他指明方向，同时提醒下属要积极提高自身能力。

管理实践小贴士

在团队中，每个下属身上都有他各自的优缺点。管理者只有正视下属的缺点，发现下属的优点，做到扬长避短，才能充分发挥团队成员的积极性，带动团队的整体工作气氛，为团队创造更大的价值。

3.2 术业有专攻，别再强求全能型人才

在团队中全能型人才属于凤毛麟角，大部分人都是普通人，他们往往只有一点或几点专长，远远不能满足团队的所有需求。然而纵观那些取得巨大成就、有一番作为的人往往只有一技之长。一技之长如果能被运用好，反而会成为巨大的

优势。

 案例2 ▶▶▶

> 美国南北战争时，林肯总统任命格兰特将军为总司令。有人向林肯投诉说格兰特嗜酒贪杯，难当大任。林肯却看到格兰特在领军作战上的才能，坚持自己的决定，并说："我倒想知道他喝的是什么牌子的酒，我想给别的将军也送上一两桶。"
>
> 林肯懂得用人之长，也是好不容易才学会的。格兰特将军的受命，正是南北战争的转折点。而在此之前，林肯的用人标准是必须选没有重大缺点的人，结果他先后选用的三四位将领都在战场上遇到了前所未有的挫折。

从上面的案例可以看出，用人必须要重视对方的一技之长，并将其充分发挥。团队中每一个成员都有自己的专长，关键在于管理者能否知人善任。

用人贵在用其长，清代诗人顾嗣协作有《杂兴》一首，可共欣赏之："骏马能历险，力田不如牛。坚车能载重，渡河不如舟。舍长以就短，智者难为谋。生材贵适用，慎勿多苛求。"这首浅显易懂的古诗，形象地告诉我们用人之关键在于善于用其长。作为管理者倘若能以这样的眼光看待人才，对许多所谓的"全才"也就不强求了。

常常听身边从事管理的朋友抱怨下属总有很多问题，其实笔者以前也是这样，总觉得下属办事不力，自己累得身心俱疲。但后来笔者偶然发现，其实只要改变一下思路，下属远比管理者想像得要"有才"。

 案例3 ▶▶▶

> 笔者曾经面试过一位下属——小陈。在看过他的履历后，感觉就只有两个字——平庸。可能因为他以前的工作总是不顺利，因此也显得很不自信，见面后给人的整体感觉很萎靡，不像现在的很多年轻人信心满满。不过在他简历中，有一点与众不同的信息，他高中居然复读过四年。笔者很快了解到，正是这一点使他不断遭受嘲笑，也使他在应聘中屡屡受挫，可从另一个角度想，一个能坚持复读四年的人，需要多么大的毅力啊！

每个人身上都存在双面性，有好的方面也有坏的方面，有优势的一面也有劣势的一面，在这个领域做得不太好，在另一领域可能就是个行家。识人用人就是发现其所长，而后善用之，这应该成为每个管理者对待人才的正确态度。因此，作为管理者不要总希望下属多才多艺，以一当十，而应该努力发现每个人的长处，运用其长处，实现专人专职。

具体可以按照以下思路来做。首先要了解自己的下属。一个下属可能擅长做好这部分的事情，另一个下属可能对做其他部分得心应手，管理者应当合理分配其工作，只有这样才能有效地使用部门的资源。

其次，遇到问题或者挫折时，不要一味地批评下属，管理者要从自身查起，要习惯做到换位思考，想想如果是管理者自己做这件事情，成功的概率是多少，失败的概率又是多少，管理者面对这样的问题如何入手，如何解决。管理者的宽容，并不会让下属认为其管理不力，反而更多下属会以更多的努力来回报团队。

每个人都有自己的长处与不足。一个管理者应该放下苛求，不要过分要求每个下属都多才多艺。这是一个需要专才的时代，也是一个十分包容的时代，团队早已不再刻意强求员工样样精通。

3.3 不要迷信学历，它并不代表一切

现如今是个知识竞争的时代，高学历是非常有必要的，但并不能代表一切。学历，代表的是曾经的求学经历、学过的知识，能不能学以致用还要看后来的实践。尤其是在工作中，文凭不是最重要的，能力才是，因此，管理者在选人识人时不要单纯地只看学历。

学历只是步入职场的"敲门砖"，能力才是真正的"通行证"，团队需要的是知识能力兼备的人。而能力需要不断地学习，在工作实践中总结。曾有一段时间，很多人热衷于考证，引发了一股"考证热"，而如今人们已经理智了很多。这是因为，团队发现所招聘的有很多资格证书的"高文凭"者，其中不乏眼高手低之人，这些人只挑高管高薪，却没有实干能力，给团队造成了巨大的资源浪费。

现在团队越来越看重下属的个人能力，学历则成了一种参考。

案例4 ▶▶▶

> 据说，索尼公司有1万多名雇员，他们自从进入公司起学历就被封存起来，这样做是为了让他们去公平竞争。在工作中大家不论学历高低，只比能力大小。经过一段时间后发现，公司高端科技人员中有相当部分的人并不是科班出身，而是学历不高但善于创新、不拘泥于传统的普通学校毕业者。这些人使得索尼公司成为全球知名的电子公司，高端产品不断问世且畅销世界。

能力是生存的最佳保障，是职场上最可靠、最有效的通行证。随着社会的发展、竞争的日趋激烈，那些不思进取、只知"抱着文凭睡懒觉"的人，很可能会跟不上社会的步伐。

团队雇用下属是为团队服务，首先注重的应当是下属的工作能力，而且下属不只要有能力，还要认同团队文化，能够融入团队之中，与团队同事相互配合、通力协作。如果以学历为单一标准来挑选人才，而忽视了对下属其他方面能力的考查，也许就会错失一些低学历、高能力的人才，出现高学历、低能力的人占据着团队的重要职位的情况。

那么，管理者应该如何权衡学历与能力之间的关系呢？可以按照以下两点来做。

（1）将学历和能力结合起来

学历和能力并不是对立的，它们可以统一起来。学历可以转化为有效的生产力，丰富的知识积累可以为能力的提升提供有力的支持。

管理者在挑选人才的时候也不能矫枉过正，对学历高的人产生排斥心理，错过学历与能力兼具的人才。管理者要以才能为衡量人才的主要标准，结合其他条件综合评价。

（2）建立健全的考查体系

作为一名优秀的管理者，要有独特的眼光，并为团队建立健全考查体系，这样才能选拔出最适合团队环境且能在职位上发挥出最大才能的团队成员。切不可用单一标准来衡量下属，这样不仅会影响下属的发展，团队也可能会因此而蒙受损失。

第3章
识人用人，识人用人是管人的基础

这是一个竞争激烈的时代，但它并不是一个迷信学历与资历的时代。因为很多时候，无论是学历还是资历，都并不一定会代表能力。一个人拥有高学历、拥有丰富的资历，并不代表他拥有胜任每份工作的能力。所以，一个管理者在选择人才时应该把个人的能力放在首位。

3.4 善于识别人才，做到人尽其才

管理者要能够识别人才，让合适的人做合适的事，有效发挥人才的价值。可是很多时候，有的管理者对自己的下属缺乏了解，戴着有色眼镜看人，全凭主观印象用人，造成既埋没人才又耽误工作的后果！

用人首先要做到善于识人。每个人都有他突出的一方面，是其他人不可比的。因此，管理者不要轻视任何一个人，而应当给他创造条件，让他发挥自己的长处。卡耐基说过："我不懂得钢铁，但我懂得制造钢铁的人的特性和思想，我知道怎样去为一项工作选择适当的人才。"可见，卡耐基的成功在于他能有效地发挥人才的价值，让合适的人做合适的事，为工作安排恰当的人。

李嘉诚在引进人才方面就做到了不拘一格。他的人才观非常开放，只要是人才，他都会重用，因此，在他的团队中，他不仅大胆起用年轻人，甚至连外国人也不"放过"。

 案例5 ▶▶▶

从20世纪80年代初期进军海外市场到80年代中期，李嘉诚控股了数家英资企业，这让李嘉诚旗下企业中的外国人才骤然增多。那么李嘉诚是如何对他们进行管理的呢？

他采取的方法是让外国人来管理企业中其他的外国员工。身份的相似，不仅有利于管理者熟悉业务，也有利于管理者与被管理者进行有效沟通。

在李嘉诚的外国员工阵容里，英国人马世民是值得一提的。他原本效力于怡和财团，这家公司是李嘉诚的竞争对手，后来他又辞职创业，开办了一

> 家工程公司，与李嘉诚有着直接的业务冲突。但是李嘉诚并没有计较这些，相反，因为欣赏马世民的学识与才干，李嘉诚想方设法将其网罗到自己的旗下。
>
> 为了达到目的，李嘉诚在1984年收购了马世民的公司，随后将其提升为和记黄埔的总经理，负责和记黄埔的货柜码头、电讯及零售贸易等业务。
>
> 马世民一上任，就开始为和记黄埔赚大钱，他作为李嘉诚的左膀右臂，帮助李嘉诚成功收购了港灯集团。这件事情之后，更加让李嘉诚坚定自己没有看错人。不久，李嘉诚又任命马世民为嘉宏国际和港灯董事局主席，对于李嘉诚的知遇之恩和信任，马世民自然十分感激，而他也没有辜负期望，在公司兢兢业业地工作。马世民不但工作能力强，人品也是一流，凡是和他打过交道的人，无不对他交口称赞。
>
> 马世民工作非常勤奋，他的日程表排得满满的，经常是下班之后，他还留在办公室里加班，为长江实业做出了很大的贡献。

由此可见，李嘉诚的策略大获成功。管理者要能按照各类人才不同的特长，扬长避短，量才使用。作为管理者，还必须要能为各类人才提供充分施展其才能的机会，努力做到人尽其才，才尽其用。

（1）正确识别人才，做到人尽其才

管理者应该对每个下属的能力特长做到心中有数，并根据工作性质、特点的要求，在人事安排上做到扬长避短。特别是对于学有专长、适宜于某类特定工作的人才，不要因为其成绩突出，就以为可以"能者多劳"而安排其他工作，以防舍长就短的情况出现。

（2）发挥智囊团的作用

智囊团扩大了的管理者智慧，因此有人把它比喻为"外脑"或"思想库"。现代管理者应特别注意抛弃那种"办公室里拍脑袋、会议桌上拍胸脯"的做法，应该按照科学决策的原则和程序，充分发挥整体的智慧。

世有伯乐，然后有千里马，千里马常有而伯乐不常有。在现代企业，人才已经上升到战略的层面，各企业"抢人"大战屡见不鲜。这一切都表明，人才迎来了属于他们的最好时代。然而，管理者能否识才、辨才、爱才，是否是一名合格的"伯乐"，才是最终决定人才能否充分发挥其才能的关键。

团队的发展需要众多人才的力量。人才工作的好坏直接决定着企业命运的兴衰。作为选人用人的组织部门,要贯彻落实好人才原则,做到人尽其才、才尽其用。

管理实践小贴士

3.5 别一味急着招人,用心留人才是上策

每年三四月份,年终绩效考核已经完成,相应的奖励也都发放完毕,很多企业往往会遭遇员工高峰离职的危机。当企业对下属不满意时,可能采取末位淘汰;而当下属对企业感到失望时,也会主动选择离去。

人员的非正常离职,尤其是骨干员工的离职,往往让管理者非常被动。就像复印机用光了纸,就像订书机没有了订书钉,可能会让团队工作陷入僵局。

为什么会出现有些成员加入团队时高高兴兴地来,最后却陆陆续续离职而去?当团队的非正常离职从"个体行为"发展为"一种现象""一股潮流"时,管理者应该反省:是团队不仁还是雇员不义?是招聘策略有问题还是用人机制出了毛病?是经营思路产生偏差还是团队文化变了味?所以,留人绝不是一个简单或轻松的话题,对此我们先来看一个案例。

 案例6 ▶▶▶

> 品友是北京的一家互联网公司,该公司对人才的招聘向来奉行的是"慢"策略。该公司没有因为快速增长带来员工大规模的快进快出,而是精挑细选,一个岗位面试三四十人,找到最合适的人,将他培养成独当一面的人才。为找到适合企业文化的人,品友招人很严苛,是否拥有一颗创业之心是选人的重要依据。这种做法除了为公司考虑,也是为员工负责。只有真正喜欢这个工作而这个工作也符合其长期发展方向的人,才有可能做得长久。这也让品友在发展过程中避免了创业公司比较容易出现的人才动荡的问题。
>
> 品友还创建了一套自己的员工培训体系——品友学院。员工在品友就像在学校一样,根据不同的职能和岗位,都有和专业技能相关的必修课和选修课,甚至还有像品酒这样的兴趣课。课程一周两次,新员工在一个月内有可

能会接触到近十种课程。培训讲师是来自各个部门有经验的员工,并不一定是管理层。技术部有可能出来讲软件应用,销售部有可能来分享如何有效与人沟通,财务部有可能讲如何理财,等等。

品友还会定期从外面请一些行业专家与员工进行沟通,这种活动是开放的,甚至有意愿到品友工作的人都可以参与。在引进来的同时,品友的员工也会走出去,对合作伙伴进行技术培训。品友内部还有一个跨部门调动机制,员工可以根据一定的流程,被安排在不同的部门体验学习。销售部门的人为了进一步加强与顾客的沟通会组织员工到技术部门,了解产品的特点,然后更好地做好本职工作;技术部门也会组织员工到销售部门,更深入地了解市场需求。

全面的培训和灵活的轮岗,让品友的每一名员工都是多面手。销售人员可以既懂业务又懂技术,技术人员也可以和客户公司的各个部门进行业务交流。同时,这种做法也有助于培养互信互助的企业文化,增加团队凝聚力,留住人心。

从以上案例可以看出为了留住优秀人才,团队需要做很多。从招聘策略、到员工培训,再到团队文化,都需要全面深入地去做。从案例中,我们也可以窥见一些非常好的留人策略,再结合行业经验,笔者总结出6种团队留人的做法,具体如图3-2所示。

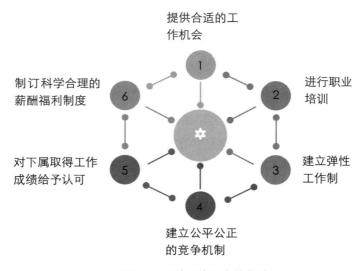

图3-2　6种团队留人的做法

（1）提供合适的工作机会

在职场中，优秀的人才都渴望挑战。没有将下属放在第一位的团队，工作的分配只是基于团队的需求，通常也要求下属按既定的方式来处理工作。而能够留住人才的团队，会花更多力气来使下属的热情和天分与工作要求相匹配。同时，也会鼓励下属寻找更好、更快、更有效率的工作方式。

（2）进行职业培训

优秀人才非常看重学习和成长的机会。正是看到了这一点，大多数团队都把职业发展前景和专业培训机会作为吸引和留住优秀人才的一项重要措施。倘若团队舍得在下属身上投资，就会愿意为其提供教育培训和职业发展机会，这种做法本身就体现了管理层对人才的重视。这也说明管理者认为下属的潜力值得进一步培养和发展，希望其不断成长，并打算将来从团队内部，也就是他们中间，选择比较优秀的人才，提拔到团队关键管理岗位上。

（3）建立弹性工作制

大部分下属都希望加入那些作息时间灵活，能理解和照顾下属个人和家庭需要的团队。现在越来越多的下属离职的原因是工作和生活不能兼顾，如上班地方离家太远，或工作时间太长而个人可支配时间太少等。很多有实力的大团队给予优秀人才的工作时间弹性非常大，甚至有的团队允许下属白天休息，晚上工作，从而照顾下属的个人习惯或生活，这种做法反而使下属工作效率更高。

（4）建立公平公正的竞争机制

在团队内部要建立健全各种规章制度，努力创造出一个公平竞争的环境，使优秀人才有机会脱颖而出。有很多团队尤其是家族企业，在用人问题上常常是任人唯亲，而不是选贤用能，结果导致真正的人才因得不到重用而离去，团队最终也难有很大发展。

团队要继续发展，就必须选拔和起用能人，最好的办法就是在实际工作中"相马"，凭实际工作业绩来选拔，而不是传统中单靠团队管理者对下属的主观印象来挑选。这样的人才选拔机制，建立在客观和公正的基础上，每个下属都会有工作动力和压力，工作中更有积极性和主动性，有助于形成"学先进，比先进，人人争当先进"的良好团队文化，出现团队和个人都得到发展的双赢局面。

（5）对下属取得工作成绩给予认可

下属都希望自己的工作能力能够得到管理者的赏识。很多团队经常给下属加薪和分红，但是却不知道，能激发下属工作热情的，并不只有实物方面的奖励，还有精神上的重视、认可和赏识。如下属因为某项工作完成出色而受到团队管理者亲自表扬，即使只是一两句当众口头表扬，也会极大地激发该下属进一步积极工作的热情和愿望，加深管理者和下属之间的理解和信任，从而留住人才。

（6）制订科学合理的薪酬福利制度

为了争夺优秀人才，团队的薪酬福利水平要有市场竞争力，最好高于或大致相当于同行业平均水平；在团队内部要适当拉开薪资分配的差距；对有突出贡献的优秀人才，要实行重奖，体现出人才的价值；还可以在下属中采取股份和期权等多种形式的分配方式，使下属的切身利益和团队利益捆绑在一起，增强团队的内部凝聚力，解除下属的后顾之忧，从机制上保证团队和下属都能得到共同发展。

对于管理者来说，留人比招人更重要。团队的发展离不开稳定的人才，倘若出现大幅度的人员流动，管理者却不从自身寻找原因，只是一味地招聘新人，那么管理者只会越来越忙。所以，管理者一定要想方设法地留住最有用的人。

3.6 留意跳槽一族，打消其跳槽的念头

人才，尤其是关键性的人才，是团队在市场上立于不败之地的法宝。任何一个成熟的团队，都会高度重视对核心下属的培养和使用。然而，出于种种原因，一些下属或多或少地会萌发跳槽的念头，导致团队人才的流动性不断加大。

对于团队而言，很多核心人才是团队付出了巨大成本招聘或是培养起来的，这种核心人才的流失是任何团队都不愿意看到的。从实践上来看，为了阻止核心人才的跳槽，一些管理者采取了诸如限制户籍或档案移动、扣押工资、扣押学历证书或是相关资格证书等做法，结果导致双方撕破脸面、互相指责，最后核心人才还是横下心一走了之，而且对原团队记恨在心，反而变成了未来的敌人。

如何化解辞职带来的冲突，巧妙地处理跳槽问题，是团队管理中一项富有挑战性的工作。具体可以从如图3-3所示的4个方面入手。

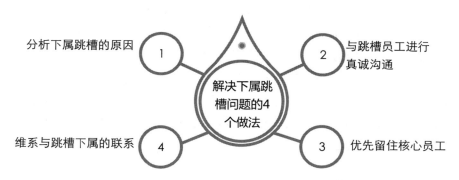

图3-3 解决下属跳槽问题的4个做法

（1）分析下属跳槽的原因

当下属提出辞呈的时候，管理者常常会措手不及，甚至会很生气，认为下属像是背叛自己。其实，跳槽是一种正常的行为，不论是认为薪酬过低、缺乏发展空间，还是不再认同团队文化，下属提出辞呈的时候都是有原因的。

这时候，作为管理者要平心静气地与其沟通，找出离职的真正原因，只有找到原因才能找到解决的办法，尽量挽留。千万不可故意推脱、摆出一副冷面孔，这样只能使下属感到人情淡薄，反而会坚定辞职的决心。

下属跳槽一般不外乎三种出路：一是去待遇更好或者允诺升职的团队；二是暂时性的下岗，寻找新的工作机会或者改行；三是个人创业。

（2）与跳槽员工进行真诚沟通

一位理智的管理者在下属提出辞呈后，要尽快安排时间与这些下属进行善意的沟通，并真诚地向这些下属表示道歉，表明自己平时关心不够，并向下属了解问题出在哪里，跳槽后的去向等实质性的问题。

此时，一句"真对不起，平常杂事太多，早就想跟你聊聊"，就能很快地缩短与跳槽下属的心理距离。最为关键的是管理者要对这些跳槽下属表示理解，使他们坦诚自己的实情，了解他们离职是出于对家庭的考虑，比如解决两地分居、想要照顾父母，还是对团队文化、管理方式感到非常不满，还是认为团队薪酬过低、缺乏发展空间等。只要管理者能以真诚的态度对待这些即将离职的下属，下属大都会敞开心扉，吐露真言，诉说其真实想法。

人之将走,其言也真,跳槽者一般都会一针见血地指出团队内部存在的问题。这对团队来说,是一笔巨大的无形财富。

据悉,松下电器创始人松下幸之助对另谋高就的人不仅衷心祝贺,还非常诚恳地请他们对团队提出批评和建议。松下公司的许多管理策略就是根据跳槽者的临别留言而加以改进的。跳槽下属的怨言往往是目前团队管理中的松懈之处,恰恰也是高层管理者所容易忽视的"盲点"。一番抱怨的背后,往往隐藏着改进团队管理的突破点。只要管理者能够虚心请教,跳槽下属肯定会直言相告,吐露真言。通过不断收集跳槽下属的意见和建议,就能有助于消除管理者的"视野盲区",有的放矢地改进管理水平。

(3)优先留住核心员工

许多团队管理者觉得核心人才跳槽,不但会给团队造成巨大的损失,而且对团队来讲有失颜面,都希望下属能悄悄地离开,将这类事情淡化处理。殊不知越是如此,越会使其他下属产生猜疑和议论。所以,对待跳槽大可不必讳莫如深,进行秘密化处理,而可以公开为之送行。

管理者可考虑为跳槽下属召开一场隆重而简朴的欢送会、话别会,把下属原来的上司、同僚都请来欢聚一堂,团队主要管理者应对跳槽下属的业绩和贡献进行充分肯定,大家共诉衷肠,祝福跳槽下属能够有更好的前程。但最为重要的,是要虚心请教这些跳槽的下属,了解他们对于团队有什么不满和抱怨,有什么可以改进的建议。

(4)维系与跳槽下属的联系

很多管理者都认为下属走就走了,大家彼此没有了往来,自己的事都还应接不暇,哪里有时间和精力来维系与离职人员的感情,这其实是一种极为短视的看法。

人是有感情的,核心型的下属要么是团队长期培养出来的,要么是团队花较大的成本招聘进来的,他们与一般下属因不适应工作而离职有较大的差别。核心下属有的可能是怀着既对团队"怒其不争",又无力改进的失望情绪而跳槽的。即使他们离开了团队,仍会关注团队的消息。这种对原就职团队的感情,甚至有可能会持续终生。而且,任何一位理性的核心下属都不会希望原团队经营破产。试想,有哪个人愿意在自己的履历表中填上一个破产解散的团队呢?

既然跳槽下属对团队还有感情,团队为什么不加以维系?更为重要的是,核心下属由于技术或工作经验的成熟,他们跳槽后一般还是干相同或相近的职业,

第3章 识人用人，识人用人是管人的基础

只不过为别的团队效力罢了。倘若管理者把跳槽下属完全当作路人，甚至冷眼相待，这些人将很有可能成为团队未来极有杀伤力的竞争对手。

 案例7 ▶▶▶

> 一些知名的大公司对跳槽下属的做法极为高明，值得好好借鉴，比如麦肯锡咨询公司。
>
> 麦肯锡咨询公司拥有一本十分有名的麦肯锡校友录，即已离职下属花名册。公司将下属离职当作"毕业生离校"，已离职下属就是团队遍布各地的"校友"，其中不乏CEO、高级管理人员、教授以及政治家。麦肯锡团队的管理者深知，随着这些已离职下属职业生涯的发展，他们将会成为团队的潜在客户，这无疑是一大笔人际资源。
>
> 麦肯锡咨询公司一直投巨资维护其遍布各行各业的"毕业生"网络。事实证明，这种独特的投资为团队带来了巨大的回报。

管理者应尽力帮助下属解决困难，如解决不了，可向他（她）坦诚团队的实际难处，这样做极有可能就会收到奇效，使将要跳槽的下属体会到团队的温暖，甚至有相当一部分会打消跳槽的念头，铁下心来为团队继续奉献才智。从这个意义上讲，一个高明的管理者就在于能够抓住人心，尤其是在人心动摇之际，通过进一步协调来优化内部的资源配置，稳定核心人才队伍。

愚蠢的管理者才会任由下属纷纷跳槽，聪明的管理者一定会想方设法地阻止优秀的下属离去。人才，尤其是关键性的人才，是团队在市场上立于不败之地的法宝。任何一个有远见的管理者都会高度重视对核心下属的培养，而且用心去对待这样的下属，不断了解他们的想法并与之沟通从而打消其跳槽的念头。

3.7 多多关心"螺丝钉式"的员工

任何一个团队都需要一些"螺丝钉式"的员工，他们虽然没有身处核心职位，

也没有领着高额薪资,却始终勤勤恳恳地干着重要的工作,就像机器中的螺丝钉,默默无闻却不可或缺。这部分下属通常是团队中的基层人员。团队中每个下属分工不同,级别不同,基层下属的发展也关系着团队的整体发展。所以,管理者一定要正确对待团队中"螺丝钉式"的下属。

 案例8 ▶▶▶

> 林某是一家商场的普通收银员。很多像林某一样的"螺丝钉式"员工在这家企业工作多年,随着商场的不断发展,有稳定的岗位和收入,但他们却没有很强的竞争意识。一批新的年轻员工渐渐涌入这家企业,原有的管理模式已经不能够适应企业自身的飞速发展。为此,这家企业制订了新的薪酬制度和培训制度,鼓励员工学习新的知识技能,同时还积极开展各项培训和考评,从而提高下属的业务能力和技能。
>
> 有一个周末,林某上班,吃完中饭后在商场附近遇到了自己的老同学,等到叙旧完回到商场时已经迟到超过半小时。由于林某迟到,她负责的收银台不得不关闭,使很多心急的顾客抱怨不已,而隔壁新来的收银台同事不仅没有吃上午饭,还要忙着处理更多的收银业务,为此心中十分不快。
>
> 领班告诉林某,她已经迟到了很长时间,而且还引起了顾客的抱怨和投诉。根据公司的制度要进行一定的处罚,可是在林某的一再恳求下,领班决定再给她一次机会。就在林某回到工作岗位后,隔壁收银台同事继续向领班抱怨,林某知道后竟然和这位新同事吵了起来。领班看到这种情况,以林某迟到为由对其进行处罚。林某心中十分不服,于是立马去找值班经理。
>
> 经过一番仔细了解,值班经理对林某和领班都进行了一次较为深入的谈话。林某本人认为,自己已经承认错误,领班也答应再给自己一个机会,可是却因为新同事的话而处罚自己,对自己这样的老下属没有给予足够的重视,因此十分不愿意接受处罚。可是,领班却认为,自己本来打算给林某一个机会,是由于她和同事吵架所以才做出处罚,这样的做法并没有任何错误。

从这件事中,我们可以看到团队成员可能存在的两种消极心理。一种是老员工的懈怠心理,另一种是"螺丝钉式"员工的不平衡心理。

案例中林某由于领班不守承诺而心怀不满,领班本来答应好既往不咎却因为她与新同事争吵而处罚自己。于是,她的内心产生了一种不平衡感,她深深地感到团队对于自己这个"螺丝钉式"的员工没有给予足够的重视，而是更加关怀与尊重比自己更加有用的新员工。

作为团队中的管理者一定要学会懂人，既要懂得下属积极或消极的心理特征，又要懂得他们之所以会产生积极或消极心理的原因，并采取一定的方法加以疏导与安抚。

作为一个管理者主要有两方面的事要做：一个是经营，包括团队发展方向和发展策略的规划；另一个是对人的管理，让每个团队成员都朝着团队的宏大目标共同努力，共同完成团队的经营目标。

想要带出一个卓越的团队，管理者除了要对核心人才进行一定的激励，还要关注其他各层级的下属，并给予应有尊重与激励。针对不同级别和能力的下属，团队需要寻找适合于他们自身特点的激励方案，量体裁衣才会达到最好的激励效果。团队需要针对下属不同的心理采取不同的沟通方法、制订不同的激励措施。但是，作为管理者一定要做到公正公平，因为在团队中任何的不公平都会影响到下属的工作情绪，进而影响到团队的整体绩效。

虽然"螺丝钉式"员工在团队中发挥的作用可能比不上核心人才，但是他们对于团队而言同样不可或缺。作为管理者要及时地更新观念，不要单纯地认为只有核心人才是"千里马"，团队中的"螺丝钉式"员工也很重要。

团队中每个员工都有不同的优点，管理者要看到下属的优点，想方设法将其发挥到最大，并制订有效且十分公平的激励政策，使他们真正有被尊重、被信任的感觉，这样他们才会在工作中投入更多的热情，创造更大的效益，而矛盾也会越来越少。

"螺丝钉式"员工在团队中虽然不是最核心的，可却不可或缺。很多团队都很重视核心下属，却对基层下属抱以冷漠的态度，有时候当两者发生矛盾时，管理者常常会将内心的天平倾向于核心下属，这种做法往往会激起基层下属的不满情绪。

第 4 章

树立威信，
提升在下属心中的魅力

一个管理者要令下属佩服，首先就要有威信。好的管理者共同点就是威信高，具有影响力、感召力、说服力，振臂一呼，应者云集。一个优秀的管理者，必然在下属心中有非常高的威信，否则很难展开管理活动。

4.1 展现完美自己,给下属带来正能量

在他人面前,每个人内心深处都想展示一个完美的自己,俊美的仪表、敏捷的思维、畅达的语言、丰富的情感等。即使达不到完美的标准,潜意识里也会按照心目中的那个标准不断地修正自己,改进自己,这就是心理学上的"理想自己"。

"理想自己"这种心理效应在管理者身上体现得更充分。有的管理者工作中时刻精神抖擞、自信满满,日常生活中热情开朗、情感丰富,始终表现出一种完美,也因此在短时间内赢得了下属的信任。

作为一个管理者,必须学会在下属面前展现出完美的自己,恰到好处地展现自己积极的一面,像认真、开朗、主动、自信、坚强等,让下属在与自己相处过程中感受到正能量。

那么,管理者如何来展现自我呢?一般来讲可分为两个方面,一方面是外在的,比如着装、身体姿态;另一方面是内在的,比如高度自信、气质和内涵,具体如图4-1所示。

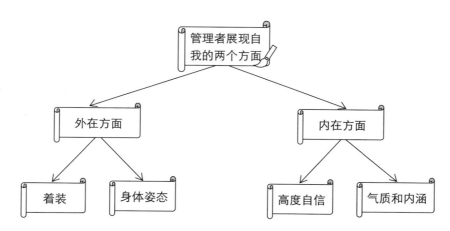

图4-1 管理者展现自我的两个方面

(1)外在方面

1)着装

很多人将不修边幅当作张扬个性,但这不适合团队管理者,管理者个人形象

要符合特定的身份特征，尤其在某些特定场合注重着装仪表非常重要。"小超人"李泽楷是潮流的追随者，平时留着板寸，穿着T恤衫、牛仔裤，一副"潮男"的派头，但在谈生意、上班时仍是西装革履，以呈现沉稳、成熟的职业形象。

团队管理者在上班时间或者正规的商务场合，必须以职业装示人。

2）身体姿态

外在形象还可以通过身体姿态来体现，比如站姿、坐姿、走路的姿态、说话方式等，所有这些，都要求自然而不做作，随和而又不失规范。由此而透露出来的自信感，会为管理者增添无形的魅力，令下属产生敬畏之情，不知不觉被吸引、被征服。

坐姿：背部挺直，双脚靠拢，但不是笔直地坐在一张直背椅上，一动不动，这样会显得姿态很僵硬。最好的方式是，将身体的某一部位靠在靠背上，整个身体稍微倾斜，访谈节目的主持人多采用这种坐姿。可以借鉴这种坐姿，尤其是与下属谈话时，这种坐姿轻松自然。值得注意的是在倾听的同时，可通过微笑、点头，或者轻轻移动，来表明对对方的兴趣与欣赏。

走姿：走路的姿势，最容易体现出一个人的精神状态。管理者在走路时要稳健自如，给人一种讲求效率的形象，做到这一点会赢得下属的赞许。值得注意的是，如果因为工作的原因，必须经常出入办公室，要养成随手带些材料或携带文件夹的习惯，这样不仅提高工作效率，而且会让下属觉得你更加职业化。

（2）内在方面

1）高度自信

自信是做任何事情的基础，它有助于稳定情绪，提高注意力，激发潜能。有的管理者因为缺乏自信而影响到管理水平的正常发挥，在这种情况下，进行自我调控、强调自信就十分重要了。

2）气质和内涵

管理者的形象绝不仅仅只是衣着打扮、日常言行举止，这只是形体形象的一部分，更重要的是要与自身的思想品格、知识水平、能力作风、仪表风度、心理素质等有关。完美的形象，大都是通过一言一行体现出来的。在下属眼里，管理者是强硬型还是温和型，是一个创新者还是一个保守者，这与管理者的自我形象塑造紧密相关。

总体而言，管理者形象体现在多方面，如为人处世的道德准则，在困难面前所表现出的坚韧不拔的毅力，在与人交流过程中的同理心和换位思维能力，对持

第4章 树立威信，提升在下属心中的魅力

有不同性格和思想的人的宽容，在处理危机时的勇敢和沉着等。管理者形象是其外在的行为规范和内在的自我约束等的综合表现。

完美地展现自己是管理者应该具备的技能之一，良好的行为、体态、形象可帮助其在下属心中树立强大的威信，促使下属信任、佩服管理者，这有时候比语言说教更有用，是真正的无声胜有声。

4.2 树立威信，威信远比权力重要

作为团队中的管理者，应该仔细思考以下问题。

为什么员工愿意为管理者所设定的目标全力冲刺？为什么有员工在没有加班费的情况下，仍然愿意辛勤加班？为什么员工愿意为团队毫不保留地奉献他所有的才智？为什么员工愿意服从管理？答案只有一个：是管理者的威信在发挥着神奇的作用。

威信是一个合格管理者的重要基础，在对下属的管理上，威信的作用远远胜过权力。管理者需要更多的是威信，而并非仅仅是权力。所以，与其做一位实权在手的管理者，不如做一位用威信服人的管理者。

那么，如何在下属中树立威信呢？

管理者要想让下属接受自己的管理，并接受自己的思想、观念，就必须有非常高的威信，使下属从心里感到佩服，自动自觉地服从。管理者的威信来自两方面，一是权力所赋予的，二是管理者的自身能力和个人魅力所赋予的。不过，大多数时候管理者自身所赋予的比权力所赋予的影响力要大很多。因此，在树立威信上要更多地考虑自身，不断地完善自己，强化自己在下属心目中的良好印象。具体可以从如图4-2所示的4个方面做起。

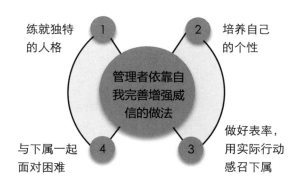

图4-2 管理者依靠自我完善增强威信的做法

（1）练就独特的人格

一位成功的经理人曾说："在现实世界里，众所皆知的一流经理人，每一位都具有罕见的人格特质。"他们不但能激发下属们的工作意愿，又具有高超的沟通能力。尤其重要的是，他能够带领团队屡创佳绩，获得骄人的辉煌成就。管理者运用强制力来管理下属也许有效，但不如用独特的人格魅力来影响和争取下属的心。试想，一个毫无魅力的管理者又怎能博得下属的忠诚呢？管理者要想拥有魅力，就必须从自我修炼开始，练就自己独特的人格。

（2）培养自己的个性

个性是每个人独特的行为风格、思维方式和处世习惯，这也是区别于他人的特点之一。每个人都有若干种个性特征。有魅力的管理者都是个性十足的，他们的个性力量在他们的成功中是不可忽视的因素。

（3）做好表率，用实际行动感召下属

管理者的表率作用可以帮助团队形成非常好的工作氛围。管理者的表率作用和魅力形象能产生一种形象效应，给下属信心、勇气和力量，吸引他们勇往直前。对管理者而言，能够成为下属的榜样，自然魅力大增。但是要做到这一点，并非易事，要凭借自己的人格魅力。为什么有的管理者一开口就具有无比的影响力？其实他们都有一个共同的特质，那就是表率作用做得好，让下属觉得管理者就是那种值得追随的人。

（4）与下属一起面对困难

作为管理者必须让下属知道，自己始终与他们在一起，有困难一起分担。不能在出现困难的时候，管理者就往后缩，让下属自己去解决；等到问题解决的时候，管理者又出来炫耀功绩，这样的管理者是无法让下属信服的。

作为团队管理者必须树立一定的威信，威信是管理者的基本素质，也是帮助其实现领导意图、实施有效管理的无形资产。威信不是上级任命就会产生的，也不是花钱能买来的，必须靠管理者在年复一年的日积月累中去赢得。

4.3 以德取胜，江山之固在于德

道德是做人的根本。高尚的品德是个人成功重要的资本，也是人最核心的竞争力之一。具有高尚道德的人，总是会从内心爆发出积极的力量，使人们了解他、接纳他、帮助他、支持他，使他的事业获得成功，使他受到人们的尊重和敬仰。可以说，好的品德是推动一个人不断前进的动力。

哈佛商学院管理实践教授比尔·乔治在采访了125位来自世界各地的成功管理者后，揭示了这样一个事实：道德上的完善不仅可以帮助一个人成为合格的管理者，这同时也是一种最有效的管理方式。

法国管理学家法约尔在《工业管理与一般管理》一书中指出："管理者在道德品质方面，哪怕是最小的缺陷都可能导致最严重的后果。"只有那些有德的管理者，才能被称为一流的管理者。

管理者是一个团队的主要负责人，他的思想道德如何，对团队及其成员有着极大的影响。俗话说，"兵随将领草随风""上有所好，下必效焉"。如果管理者能够遵守职业道德，成为公正廉洁、恪尽职守、团结协作、锐意进取的模范，那么员工也会受其影响，自觉遵守道德规范；反之，上行下效，各种道德规范必将受到践踏。管理者的道德素质有极大的教育示范性，它在一定程度上制约着，甚至决定着团队其他成员的道德水准。所以，管理者必须加强道德修养，起好模范带头作用。

 案例1 ▶▶▶

> 1943年的这个冬天深深地刻在李嘉诚的记忆深处，他一生难以忘怀。
>
> 当时，父亲的去世使他觉得整个世界像一座巨大且黑暗的冰窖，似乎人世间的最后一丝热气也被父亲带走了。
>
> 然而，即使是这样，李嘉诚还是咬紧牙关、鼓足勇气，他希望自己能够带领全家平安地度过这个肃杀凄凉的冬天。
>
> 为了安葬父亲，李嘉诚含着眼泪去买坟地。按照当时的交易规矩，买地人必须付钱给卖地人之后才可以跟随卖地人去看地。

> 卖地给李嘉诚的，是两个客家人。李嘉诚将买地钱交给他们之后，便半步都不肯离开，坚持要看地。山路崎岖泥泞，寒意逼人的北风迎面而来。仍旧沉浸在失去父亲的巨大悲痛中的李嘉诚，想着连日来和舅父、母亲一起东奔西走，总算凑足了这笔安葬父亲的费用，想着自己能够亲自替父亲买下这块坟地，心里总算有了一丝慰藉。
>
> 这两个卖地人走得很快，李嘉诚紧跟不舍。然而，不幸的是卖地人见李嘉诚是一个小孩子，以为好欺骗，就想将一块埋有他人尸骨的坟地卖给他，并且用客家话商量着如何掘开这块坟地，将他人尸骨弄走。
>
> 可是，他们并不知道，李嘉诚听得懂客家话。李嘉诚震惊地想，世界上居然有人如此黑心、如此挣钱的人，甚至连死去的人都不肯放过；想到父亲一生光明磊落，即使现在将他安葬在这里，九泉之下的父亲也是绝不会安息的。而且，李嘉诚也深知这两个人绝不会退钱给他，就告诉他们不要掘地了，他另找卖主。
>
> 这次买地葬父的周折，深深地留存在李嘉诚的记忆深处，使他受到了关于人生、关于社会黑暗一面的教育。对于即将走上社会、独自创业的李嘉诚来说，这是第一次付出沉重代价所吸取的相当痛苦的教训，也是李嘉诚面对在道义和金钱之间如何抉择的第一道难题。这促使李嘉诚暗下决心：不管将来创业的道路如何险恶，不管将来生活的情形如何艰难，一定要做到生意上不坑害人，在生活上乐于帮助人。

李嘉诚几十年如一日坚持对自身人品的锤炼，坚守诚信经营的理念，从一家小作坊开始，逐步发展成为集生产、加工于一体的出口贸易公司，并通过创立团队品牌，赢得了市场。

人们常说"德高望重"，管理者如果具有高尚的品德，就有人格魅力，就有吸引力，就有凝聚力，就有感召力，就能够成为核心，就能够被众人拥戴，从而形成威信。这是职位权力无法比拟的强大影响力。

中国人向来重视"以德服人"，就是要求管理者要用自己的高尚宽厚的品德感动下属，使其心甘情愿地服从管理。下属有时是因为对管理者的能力表示钦佩，进而服从，但是更多的时候是为管理者的道德品质所感动，进而产生无条件的服从和信赖。如果管理者道德品质低下，即使他的职位再高、资历再深、能力再强，也会失去威信和影响力，从而失去对下属的有效管理。

人最值得尊重的，正是在追求和奋斗过程中表现出的优秀的品德。如果把李嘉诚的成功归于幸运，那么他真正的幸运是拥有优秀的道德品格。

在团队中，管理者高尚的道德品格有助于有效管理的实现，它可以加强团队的整体性，使管理者和下属休戚与共、荣辱相依，从而有效实现团队的目标。试想一个道德品格低劣却又大权在握的管理者，如何能实施有效的管理。

具有高尚品德的管理者有很大的吸引力，即使他不说一句话，仍然能让人感觉到他那"内心深处的力量"。无数事实证明，管理者的品德比能力更重要。古往今来，所有成大事的管理者，几乎无一例外都具有高尚的品德。高尚的品德作为管理者在特殊权力之外的非权力因素，能极大提高其无与伦比的人格魅力，更能成就其强大的号召力与凝聚力，让更多的人因信其人而信其道。

高尚的品德是管理者立身做人、立志做事必备的基本修养。锤炼品德修养，管理者要从思想认识上出发、日常生活中历练、学习工作上提升，着重在自我净化、自我完善；努力做到精神上有追求，工作上有动力，发展上有作为，言行上有形象，成为令下属信服的人。

4.4 做好言传身教，用行动引导下属

在这个释放个性的时代，每个人都崇尚自由，完全依靠规章制度来管理下属基本上不可行。因为，管理下属不仅仅是约束对方的行为，而是让对方发自内心地、自动自觉地服从管理。促使下属自动自觉地服从管理的有效方法就是管理者言传身教，用实际行动去引导。

俗话说，什么样的将军带什么样的兵；同样，什么样的管理者带什么样的团队。一个心胸狭隘的管理者，带出的团队成员很可能处处小心翼翼，事事揣摩管理者心思；一个处处想居功，不择手段想升职的管理者，所带出的下属很可能是官僚主义的后备军；一个充满贪欲的管理者，所带出的团队很可能是贪婪者的温床。

对于管理者来讲，洁身自好、以身作则非常重要。

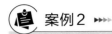

> **案例2**
>
> 日本《经济时报》面临危机，新上任的管理者正坊地隆美为了重整旗鼓，提高商业效益，就采用了这种以身作则的做法，竟使公司重新焕发了生机。一次，全体下属正在进行大扫除，地上散落着几截铅笔头，正坊地隆美看到后把财务部长叫来当面捡了起来，这一举动使财务部长惭愧不已，而其他部下也对于勤俭节约有了新的认识。
>
> 联想有这样一条规则，"开会迟到罚站一分钟"。这一分钟是很严肃的一分钟，谁也没想柳传志本人也被罚过多次，无论什么原因只要迟到就会受到惩罚。有一次电梯坏了，柳传志被困在里面，敲门让别人去给他请假，结果没找到人，就这样迟到而被罚了站。他常把管理比作做人，做人一定要正。柳传志以身作则的事还有很多，比如，联想规定员工"不能有亲属关系"，即使是领导的子女也不能进公司，因为他怕裙带关系难管理。

正是正坊地隆美、柳传志能够做到以身作则，其他下属才能以他们为榜样，践行团队的制度。人的行为通常都需要他人引导，如果这个引导者有威望、有权威，是大家心目中一致公认的模范，则更容易形成带动力。

管理者只有严格要求自己，起好带头表率作用才能服众。作为一名带头人，团队管理者既是制度的制订者和推行者，也是制度的执行者，这就需要在要求下属的同时管理者自己首先做到。所谓"己欲立而立人，己欲达而达人"。在团队的管理上，不懂得以自身为榜样，盲目要求下属，瞎指挥的现象仍十分普遍。

有些管理者只顾眼前利益、出业绩，急着往上爬，以分层负责的名义，将大部分工作交由下属后，便不再过问。久而久之，这种行为不但令管理者对基础业务的运作愈发生疏，而且还忽略了对基层下属的言传身教，对团队的长期成长极为不利。

在团队建设中，管理者不但要精通下属的业务，以管理、协助其更好地工作，还要学习为人处世、组织人才团队作战的技巧，以进一步提高部门绩效。也不是任何人都能做好团队管理者，带好一个团队首先需要的是规范自己，用自己的理念、精神和行动，去带领团队成员。这种无形的力量将会促使每个下属自觉地遵守各种有益于团队发展的条例，使得团队发展蒸蒸日上。

管理者有什么样的示范作用，有多少能力，都将会直接影响到团队。那么，作为管理者如何在下属面前做到言传身教？具体需要从两大方面入手，如图4-3所示。

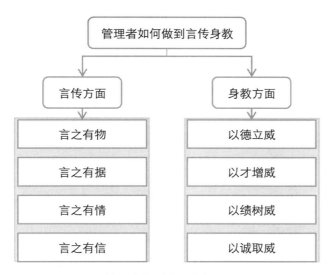

图4-3 管理者做到言传身教的两个方面

（1）言传方面

"言传"指的是管理者所说的话要能使下属心服口服，并且乐意按照其所说的去做。比如，召开例会要传达工作任务，做思想工作要说服下属按照自己的意志行事等，管理中很多工作都需要通过语言清晰、明白地表达出来。做好言传方面的工作要抓住4个重点。

1）言之有物

主题鲜明、观点明确、通俗易懂是讲话的最基本要求。一个管理者无论在什么场合下、讲什么样的话，都必须让下属在最短的时间内领会所表达的意思、接受所传达的信息。

2）言之有据

说话要有依据，尤其是作为团队的管理者，任何话都要建立在实事求是的基础上。如果凭空捏造，不但难以令众人信服，而且还有可能因失信给团队发展带来难以弥补的损失。

3）言之有情

言之有情是做好"言传"的深化条件，管理者的话能不能打动对方，不是在于方法，而是在于态度。比如当下属犯错误时，管理者与其去埋怨指责、讥讽挖苦、甚至谩骂，不如对下属表示宽容和理解，诚恳地帮助对方去纠正。

4）言之有信

言必信，行必果，这都是衡量一个人是否讲信用的基本标准。如果管理者常常说话不算数、不实在，即使讲得天花乱坠、头头是道，下属也难以接受。

（2）身教方面

"言传身教"另外一个重要方面就体现在行动上，作为团队管理者工作中样样都得身体力行，给下属做出一个好的榜样，这样下属才会佩服、信任、尊重管理者。值得一提的是，在身教过程中，应该做好以下4点。

1）以德立威

万事德为先，德包括道德、品行、作风等优秀的思想品质和良好的道德情操，是管理者受人敬仰的基本条件。管理者对下属最大的影响来自平时表现出来的气质和修养，做到"德可以服众，威可以摄顽"，首先必须强化道德修养，陶冶情操，净化心灵，树立正确的价值观、地位观、金钱观，不为名所累，不为权所缚，不为利所驱，不为欲所惑，堂堂正正做人，规规矩矩办事，做到严于律己、宽以待人，只有这样才能达到"不言而信，不怒而威"。

2）以才增威

作为一个管理者，知识的多少、能力的强弱直接影响着威望的高低。如果说"德"是决定管理者有无威望的基本条件，那么"才"则影响着威望的高低。一个不学无术、说话破绽百出、遇事束手无策的管理者，自身品德再好，也不过是个老好人，而不是一个优秀的管理者。因此，管理者要不断学习业务技术，努力优化自身的知识结构和能力结构，增强自己的才干。

3）以绩树威

骄人的业绩是管理者树立良好威信的又一杀手锏。管理者渊博的业务知识、丰富的管理经验、高超的工作能力等，最终都体现在业绩上。管理者如果能带领下属干出实实在在的业绩，肯定会赢得下属的拥护和信赖，提高自己的威望。

4）以诚取威

人无诚信不立，家无诚信不和，业无诚信不兴，国无诚信不宁。诚信就是诚实与守信，诚信就是有一说一，不欺瞒，不弄虚作假；守信就是说到做到，不失言，不爽约。管理者要提高自己的威信，要做到为人厚道、做事诚信、胸怀坦荡、表里如一、信守承诺，唯有如此，管理者才能在下属心中树立较高的威望。

荀子曾说，口能言之，身能行之，国宝也。一个团队中，管理者总是下属目光的焦点，管理者的以身作则、模范行动和言传身教非常重要，用行动引导下属是做好一切工作的最基本、最有效的方式。

第4章
树立威信，提升在下属心中的魅力

4.5 敢于放低姿态，主动走近下属

管理者和下属是管理与被管理的关系，如何让下属听指挥、心甘情愿做事，对于一个管理者而言，要注意自己的一言一行。约翰·麦斯威尔提出了一个与众不同的管理模式：关系管理者。关系管理者不仅仅要和下属保持良好的关系，更要互相信任和理解，而这种信任和理解建立在沟通基础之上。

一些管理者可能存在这样一种表现：恃才傲物，事事以自我为中心，对下属的意见不屑一顾。

 案例3 ▶▶▶

> 每个团队总会定期召开例会，总结前一阶段工作的经验和教训，布置下一阶段工作的新任务。然而，很多时候这样的会议并不能起到相应的作用，因为大多数管理者总是习惯谈论自己的想法。为何不先去听听下属的意见呢？其实学会聆听比一味地训话更有效。
>
> 笔者以前接触过一名团队管理者，人很能干，但度量不够，听不得反对意见，每每听到下属所提的意见与自己的想法相违背时就会生气怒骂。次数多了，不少下属害怕与他沟通，即便不理解布置的任务，也不敢多问。

在团队管理中，案例3中的现象并不鲜见，其实这就是典型的管理者姿态过高的表现。这种做法从表面上看管理者树立了权威，征服了下属，其实存在很多隐患，很多下属不是心甘情愿地服从，因此不会积极主动地解决团队中的问题。

造成这种现象的根源在管理者，正是管理者的骄傲自大拉开了与下属的心理距离，只有放低姿态，想问题、做事情多考虑下属的想法和感受，与其有效沟通，才能使团队获得应有的效益。比如，例会本是各个部门、各个下属汇报工作解决问题的会议，何必开成批斗大会？作为会议的组织者，只要在汇报的基础上对汇报情况进行简单分析总结即可，多听听大多数人的意见，等下属说完管理者再谈想法，就会产生不一样的效果。

有的管理者会想，作为管理者，下属都要听其指挥，为什么还要放低姿态，理由有两个。

第一，下属是团队利益的创造者。常说顾客是上帝，如果把顾客比作上帝的话，那么基层下属是最接近上帝的人，管理者次之，CEO距离最远。职位越高的人，越容易脱离客户，因此可见，基层下属对客户的服务程度直接决定着客户满意度。在一个团队里，管理者有强大的权力，但纵使有"运筹帷幄之中，决胜千里之外"的能力，最终还必须要依靠基层下属去冲锋陷阵。

第二，下属是需要被照顾的群体。作为团队的管理者理应成为下属最信赖的人。因为对下属来说，团队管理者就代表着团队的意志，代表着努力的方向。作为管理者如果能放低姿态，真正地走进他们的内心，给他们关心和照顾，下属心理上会得到大大满足，会心甘情愿地为团队工作，为团队付出。

鉴于以上两点，管理者应该放低姿态，关心自己的下属，如果能有勇气放下姿态会更容易激励下属。刘邦就是这样的一个人，非常懂得体恤将士，他曾下令：凡在战争中不幸死亡的军士，都要用衣被棺木为他们殓尸，并转送回家中厚葬。此令一下，四面八方的人都心甘情愿地来归从他。

无论是过去，还是现在，作为一个团队的管理者，一旦表现出"唯我独尊"的姿态，就可能会被周围的人孤立，所有的下属慢慢与其拉开距离，隔阂便随之产生。因此，管理者在与下属沟通时千万不可抱有高一等的优越感，上下级之间虽然职位有高有低，但人格始终平等。那么，如何做才能放低姿态，获取下属认同呢？具体如图4-4所示。

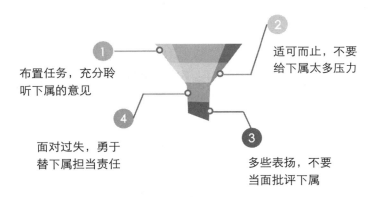

图4-4　管理者放低姿态的4个表现

（1）布置任务，充分聆听下属的意见

经常有这样的现象，当管理者布置完任务后，下属都说保证能完成任务，可一旦去做却又搞不清楚任务是什么。这就是信息上通下达不对称的结果，下属无

法完全领会管理者的授意。针对这个问题，管理者在布置工作任务时要让下属充分表达自己的意见，并认真、谦虚地聆听，这样有助于更好地决策。

（2）适可而止，不要给下属太多压力

布置任务要适可而止，充分考虑工作难度与下属能力的匹配度，避免安排超越对方能力之外的工作。如果出于锻炼的目的布置难度较高的任务时，也要提供一些帮助，切不可布置了任务后不闻不问，只管伸手要结果，得不到预期的结果而对下属横加指责。

（3）多些表扬，不要当面批评下属

当下属有所提升或取得建设性的成果时要公开表扬，这样会充分激发下属的成就感，帮助其明确努力的方向。与之相对应的是，当下属犯错时最好不要公开批评，私下沟通既可以让其认识到自己的过错，还能保全其自尊心。

（4）面对过失，勇于替下属担当责任

对于下属在工作中的错误，有的管理者只是一味地责骂，甚至推卸责任。凡是出现错误，就不仅仅是某一个人或几个人的问题，管理者要敢于与下属一同承担责任。作为管理者要切记，无论是自己决策失误的原因，还是下属工作不力的原因，必须主动去承担后果。

人在被尊重、被认可的情况下才更容易激发能量，更容易开发潜能。而一个管理者能够放低姿态，放下身段，则是对下属最好的尊重和认可。管理者应该在心态上、人格上与下属保持平等，在工作上、生活上相互帮助，相互扶持。

4.6 不失其亲，亲和力使人如沐春风

一个团队是否充满朝气与活力，往往与管理者的亲和力有很大关系。所谓亲和力，简单地说，就是具有一种让人想去亲近的情感魅力。管理者的亲和力就是

与下属打成一片,把下属当亲人,没有官腔,没有架子,没有敷衍;待人处事人性化,多发现下属的优点,多理解下属的难处,多帮助下属排忧解难。这种亲和力是一种强大的气场,它可以产生巨大的凝聚力,转化为强大的影响力,使下属自愿为团队的发展付诸努力。

分析国内外众多思想家、政治家以及成功团队管理者的成长规律,他们成功的一个重要原因就是尊重他人、理解他人,善于倾听各方意见,并充分综合不同意见,最终拿出一个最为妥当的解决问题的方案。在一次次磨炼中,他们学会了如何成为一个成熟的管理者,并产生超越自己、带领团队进步的力量。这种力量就是亲和力。

 案例4 ▶▶▶

> 帕尔梅首相在瑞典是十分受人尊敬、有亲和力的领导人。他虽贵为政府首相,但仍住在平民公寓里,生活简朴、平易近人,与平民百姓毫无二致。帕尔梅的信条是:"我是人民的一员。"
>
> 帕尔梅从家到首相府,每天都坚持步行,在这一刻钟左右的时间里,他不时同路上的行人打招呼,有时甚至同路人闲聊几句。帕尔梅一家经常到法罗岛去度假,和那里的居民建立了密切的联系,那里的人都将他看作朋友。
>
> 帕尔梅喜欢四处走访,去学校、商店、厂矿等地,找学生、店员、工人谈话,了解情况,听取意见。他从没有首相的架子,谈吐文雅,态度诚恳,也从不搞前呼后拥的威严场面。
>
> 帕尔梅同许多普通人通过信件建立了友谊。他在位时平均每年收到15万多封来信,其中三分之一来自国外,为此他专门雇用了4名工作人员及时拆阅、处理和答复,做到来信皆阅,来信均复。对于助手起草的回信,他要亲自过目,然后才签发。这一切都使他的形象在人民心目中日益高大。在瑞典人民的心目中,帕尔梅是首相又是平民,是领导人又是兄弟、朋友,是人们的偶像。

亲和力是一个管理者应具备的基本素质,是管理者才能的补充。一位管理大师曾将亲和力强的管理者定义为"平易近人型管理者",这不无道理。因为,是否具有管理者魅力,是否富有责任感,是否经常关怀下属并关心他们的成长,是决定一个管理者能否获得下属支持的重要前提。而在下属面前能否用平和的态度纠正下属的过失,不轻易谈论下属的缺点和不足,则是一个管理者是否具有亲和力、

第4章
树立威信，提升在下属心中的魅力

是否可以将下属团结在一起的关键。

管理者的力量，不是建立在下属敬畏、恐惧的基础上，而是建立在下属信服、亲近、主动追随的基础上。彼此有了感情，一句话能顶十句用；彼此没有感情，十句话也不顶一句用，对于不想听的人来说，说得再多也不能起作用。管理者希望下属认真地为团队服务，那管理者也应当为下属多着想一些，关心他们的发展和前途。管理者地位越高，事业越大，则需要依靠的人也就越多，因此必须具备很强的亲和力，以调动更多人努力工作的积极性。一个受人拥戴的管理者，应当工作有声有色，生活有滋有味，与人交往有情有义。

 案例5 ▶▶▶

盛田昭夫是索尼的缔造者，具有非凡的亲和力，他喜欢和下属接触，经常到各个下属单位了解具体情况，争取和较多的下属直接沟通。稍有闲暇，他就到下属工厂或分店转一转，找机会多接触一些下属。他希望所有的经理都能抽出一定的时间离开办公室，到下属中间去，认识、了解每一位下属，倾听他们的意见，并根据意见调整部门的工作，使下属生活在一个轻松、透明的工作环境中。

有一次，盛田昭夫在东京办事，看时间有余，就来到一家挂着"索尼旅行服务社"招牌的小店，对下属自我介绍说："我来这里打个招呼，相信你们在电视或报纸上见过我，今天让你们看一看我的庐山真面目。"一句话逗得大家哈哈大笑，气氛一下由紧张变得轻松。盛田昭夫趁机四处看一看，并和下属随意攀谈家常，有说有笑，既融洽又温馨，盛田昭夫和下属一样，沉浸在一片欢乐之中，并为自己是索尼公司的一员而倍感自豪。

还有一次，盛田昭夫在美国加州的帕洛奥图市查看索尼公司的一家下属研究机构，负责经理是一位美国人，他提出想和盛田昭夫合几张影，不知行不行。盛田昭夫欣然应允，并说想合影的都可以过来，结果短短一个小时，盛田昭夫和三四十位下属全部合了影，大家心满意足，喜气洋洋。末了，盛田昭夫还对这位美籍经理说："你这样做很对，你真正了解索尼公司，索尼公司本来就是一个大家庭嘛。"

再有一次，盛田昭夫和太太良子到美国索尼分公司，参加成立25周年的庆祝活动，夫妇特意和全体下属一起用餐。然后，又到纽约，和当地的索尼下属欢快野餐。最后，又马不停蹄地赶到亚拉巴马州的杜森录音带厂，以及

> 加州的圣地亚哥厂，和下属们一起进餐、跳舞，狂欢了半天。盛田昭夫感到很开心，很尽兴，下属们也为能和总裁夫妇共度庆祝日感到荣幸和自豪。
>
> 盛田昭夫说，他喜欢这些下属，就像喜欢自己家人一样。

索尼高层管理者的这种亲和力，使团队凝聚成一股强大的合作力量。索尼公司凭借着这样一支同心协力的队伍——他们潜心钻研、固守岗位、自觉负责、维护生产，勇于开拓他乡异国销售事业，一步一个脚印，在高科技新产品开发上，屡战屡胜，把对手一次又一次地甩在后面。

在团队中，有亲和力的管理者更受人欢迎，因为这种管理者让人感觉相处起来舒服、自然，总能营造出一种和谐的工作环境。这个道理很简单，渴望与人亲近、追求和谐相处，是人类基本的需求。

管理者的亲和力非常重要，良好的亲和力能拉近自身与下属之间的心理距离，从而产生最大化的管理热能和经济效益。很多事实证明，具有亲和力的管理者最讨人喜欢，他们不端"官架子"，常常"忘掉"自己的身份，能和普通下属真诚交流。

这种管理者把自己的亲和力逐渐变成了影响力，使下属忠诚地跟随自己。当然，管理要有亲和力，并不是要放弃原则。管理需要建章立制，但不能视人为生产工具，忽视人的价值和人格尊严。人和动物的区别之一在于人是有感情的，金钱报酬不是人的唯一需求，人的最高需求是实现自身的价值。因此，管理者的亲和力来自人性化管理，有人情味，规章无情，操作有情，处处以人为本。

亲和力是管理者自身素质中不可或缺的一部分，它贯穿于管理过程的始终，是协调上下级关系的润滑剂，是提高下属工作能力的兴奋剂。作为新时代的管理者要用爱心、情感、智慧来酝酿、发展、增强这种亲和力，更加高效地管理团队。

4.7 重诺守信，不要滥开"空头支票"

诚信，向来被认为是做人最基本的标准、最核心的价值观，要求做人承诺和行动一致、客观有信用，无诚信者就是伪君子。除了做人之外，诚信在各个领域都有涉及，包括伦理、宗教、政治等。

一个团队管理者是否讲诚信，涉及的实际是管理的层面，管理也需要讲诚信。要对客户讲诚信，对合作者讲诚信，对下属讲诚信，尤其是对下属的诚信是最不允许含糊的。如果连自己的下属都欺骗，这说明团队已经失去了根本。试想，一棵从内部开始溃烂的大树，即使从表面上看起来很高大也离枯萎的日子不远了。诚信作为一种基本的伦理规范和道德标准，应当成为管理者所必须具备的基本素养。

对下属不讲诚信，团队将会寸步难行，然而在现实中，这样的事情却屡屡上演着，拖欠工资、扣发奖金、变相加班等现象多次被媒体曝光。在现代经济社会中，不讲诚信不仅仅破坏道德规范，也损害了很多人的利益，扰乱行业规则和经济秩序，在一定程度上甚至比经营不善、恶性竞争带来的危害更大。纵观世界名企都十分重视对诚信的建设，让其孕育于团队文化，扎根于团队文化，渗透于团队文化。

管理学大师彼得·德鲁克曾说："大量而广泛的实践证明，在团队的不同发展阶段，团队文化再造是推动团队前进的原动力，但是团队诚信作为团队核心价值观是万古长存的，它是团队文化与团队核心竞争力的基石。"通用电气公司在给其股东的一封信中首先讲的就是企业诚信问题。"诚信是我们价值观中最重要的一点。诚信意味着永远遵循法律的精神。但是，诚信也不远远只是个法律问题，它是我们一切关系的核心。"塑造和坚持企业诚信作为企业文化的核心价值观，对形成支撑企业健康发展的独特文化特征，推动企业从优秀迈向卓越具有巨大的促进作用。

也许有人认为诚信这个话题，是一句空话，是一句套话，或者仅仅体现团队发展的战略层面。如果有这种狭隘的认识就大错特错了，其实，诚信更多体现在细节上、小事上。现实中，个别管理者还存在一些不讲诚信的行为，那就是出尔反尔、反复无常。正因为这种行为从表面上看伤害不大，所以成为很多管理者最容易忽略的一点。

 案例6 ▶▶

上海某工业区有段时间实行错峰用电，每周由2天全白天停电扩至4天，其中2天为周一和周五的上班时间，因而影响到很多公司的正常运营。一公司所有员工一致要求改善办公条件，在办公室增加电风扇。为了解决在酷暑里坚持办公的问题（职员办公室没有配备风扇），管理者通知行政部门拟一份电风扇购买方案，并先征求了部分员工的意见。

最后，管理者决定每个办公室至少配备一台落地风扇。然而久久却没有

> 动静，后来又以种种理由推辞，说采购遇阻，这样或那样的困难摆了一堆，他以为员工就能理解。
>
> 其实，管理者的行为在员工心里已经有了故意拖延的嫌疑。事实上，这个管理者认为限电属于短期举措，只有几天的时间，购买大量电风扇是浪费，明显增加成本，于是拖一天是一天，以等待供电恢复正常。
>
> 几天又过去了，员工仍没有见到所谓的电风扇，有的员工甚至当面与管理者交涉过，得到的仍是模棱两可的答复。结果办公室的员工怨声载道，逢周一和周五请病假、事假的员工大增，即使上班的人也是心不在焉。
>
> 迫于压力，管理者不得不把电风扇买了回来。

诚信无小事。有些事情在管理者眼里也许是个小事，但对员工来说却是大事。就像案例6中的风扇风波，管理者无故拖延，就是不诚信的表现。尽管后来全部买回来了，兑现了原先的承诺，但由于一来二去的波折，给员工留下的不诚信印象是很难挽回的。

所谓一诺千金，承诺的就该兑现，买几台电风扇，与失去员工的信任，哪个损失大？显然是后者。但总有很多管理者认识不到这点，往往本末倒置，捡了芝麻丢了西瓜。

综上所述，无论在大事上还是小事上，都需要讲诚信，以诚信为先。作为管理者，要有诚信意识，潜移默化地去影响自己的下属，树立正面的形象，将诚信当作团队文化的重要组成部分。

管理实践小贴士

团队管理的最终目的是实现利润最大化，而信守承诺则是实现管理效能最大化的基础。对下属来说，管理者本身就是团队制度和文化的最直接代表，一言一行、一举一动都是权威，对整个团队可产生很大的影响。如果管理者不信守承诺，就很难服众。

4.8 别盲目自信，多听取下属的意见

在工作中，经常会遇到一些非常主观的管理者，这些人最容易犯的错误就是盲目自信。尤其是在做出决策时，如果管理者主观性过强，甚至一时冲动，不经

第4章 树立威信，提升在下属心中的魅力

过任何调研或与下属商讨，就轻易拍板，则极有可能给团队带来危机。

案例7

密西西比河畔，曾经有一个休闲度假村——柠檬树，管理者叫做韦伯斯特。这个人是个十分自负的人，管理上大搞一言堂，再加上他早年在部队的情报部门工作，十分推崇军事化管理，在企业中实施的也是军事化管理。

军事化管理有利有弊，利在于严格的管理让下属们在工作中不敢有丝毫懈怠，态度好、认真负责，正是这样，来过的旅客都非常满意，好评不断。但这种管理只适合初期，当企业进入稳定发展期后，弊端也就逐步显现出来，那就是管理的灵活性差，比如工作制订得过于死板，缺乏乐趣。

柠檬树就是这样，绝大多数下属都在压抑中工作，整个企业上下从制度到工作氛围都非常僵化。为此，下属们多次建议韦伯斯特增加一点弹性，但生性非常自负的韦伯斯特每一次都毫不犹豫地拒绝了，他认为自己的管理方式一点儿错都没有。不久，韦伯斯特就尝到了苦果，他的下属大部分都辞职了，留下的下属也只是应付差事，而且还招收不到新下属，因为他那自负的名声早已经传遍整个密西西比河地区。结果，他的柠檬树倒闭了。

韦伯斯特的"柠檬树"原本很有做大的潜力，可就是由于他是一个盲目自信者，听不进去下属意见，使得团队被其盲目的决策给"扼杀"。

团队从来不是靠一个人的力量就能发展起来的，管理者对于团队的作用，也许比其他人要大一些，但所起到的作用也不是决定性的，起决定性作用的永远是广大团队成员的共同力量。所以，作为管理者应该多多听取下属的意见，兼听则明。多听取下属意见有利于做出正确的决定，有利于增强团队的活力和竞争力，有利于保证团队的长远发展。

那么，管理者如何做到兼听则明？必须做到如图4-5所示的3点。

图4-5 管理者做到兼听则明的3点

（1）将自己置于规章制度的监督之下

规章制度是用来约束和监督人的言行的，在团队中，规章制度是其健康发展的第一个重要影响因素。然而，很多管理者往往置制度于不顾，大事小事都由自己一个人说了算，让自己凌驾于制度之上。对于这种不重视制度、不受制度约束的管理者就容易犯盲目自信的毛病。

（2）经常对下属持包容之心

对于管理者而言，拥有一颗包容之心是立足职场的要素。同样，有一颗包容之心也是其管理好团队的必备素质之一。试想一下，如果一个管理者凡事斤斤计较，任何事都以自我利益为重，但凡其不喜欢或对其利益有损的意见都拒绝，那么不可避免会搞一言堂，听不进别人的意见。

（3）丰富与下属沟通的渠道

在团队的发展过程中，管理者一定要注意增加与下属的沟通渠道，使得下情得以上达。虽然大多数现代团队都实行了先进的管理制度，但在执行的过程中出现了很多问题，导致沟通渠道不能够畅通无阻地运转，基层意见不能上传，或者是使团队管理者听到的都是"一面之词"。所以，团队管理者增加其他人提出不同意见的途径，丰富沟通渠道，是解决无法兼听则明问题的有效方法之一。

自信是成功管理者应具备的最基本的、最重要的心态之一，也是管理者必不可少的心理素质。但切忌盲目自信，一个盲目自信的管理者，不但无法认清自我，更无法看到团队存在的问题，很可能在发展中遇到困难，这势必会影响到团队的长远发展。

4.9 尊重下属，会换来更大回报

一个主妇对新来的女佣人说："如果你不介意，我就叫你翠花吧，这是我上一个女佣人的名字，我不喜欢改变我的习惯。"女佣人回答道："我很喜欢您这个习惯，那这样，如果您不介意，我就叫您卢先生吧，这是我上一个主人的名字。"

这个笑话说明，人人都有被尊重的需求，只有尊重对方才能赢得对方的尊重。在工作中更是如此，下属需要上级的尊重。很多管理者由于不懂得如何尊重下属，因而产生很多工作上的矛盾。

 案例8 ▶▶▶

> 贝利是一家国际贸易公司的员工，他很满意自己的工作，但无法容忍上司对自己蛮横的态度。他认为，上司从来都不把自己放在眼里。对此，他没有与上司争吵，而是暗自努力，默默地改变着自己。
>
> 他利用工作之外的时间学习贸易技巧、商业文书和公司组织的相关知识，甚至连修理影印机的小故障都学会了。
>
> 通过锲而不舍地学习，一年之后，贝利基本上掌握了这家国际贸易公司运作的全部方法，这些都是秘密进行的。而在这一年中，上司还是对他不断地训斥。
>
> 一次公司举行贸易知识和商业技巧竞赛，贝利也报了名，别人对他嗤之以鼻。可是令人们难以相信的是他在这次竞赛中竟然赢得第一。这时他的上司才知道贝利是个人才，为自己平日里对贝利的态度有些后悔。
>
> 第二天，贝利向上司递上了辞呈，上司看着辞呈感到很诧异，当他意识到这是真的时，赶紧过去抓住贝利的手说："贝利先生，你先不要走，我们以前从未有过沟通的机会，今天我们交流一下。"
>
> 然而此时贝利去意已决，公司就这样失去了一位人才。
>
> 贝利离职后得到了另外一家贸易公司的重用，这家公司在贝利的打理下，两年时间就成为同行业的第一位。

管理者对下属，任何时候都不能有发怒、谩骂、压制、欺辱等不理智行为，下属与管理者有着同样的自尊。如果管理者能站在下属的立场上想一想，一切问题可能都会迎刃而解。管理者要懂得尊重下属，获得下属信任要从尊重他们开始。特别是现在的互联网团队内部成员基本是同龄人，最忌讳盲目的权力崇拜。管理者如果能做到坦诚和尊重，足以解决大多数问题。

尊重是人类较高层次的需要，不容易被满足，但一旦满足了，它所产生的重大作用不可估量。作为一个管理者，要获取信任，首先要尊重下属，这样下属才能更好地尊重、服从、配合管理者。人都是有感情需要的，而下属又特别希望从管理者那里得到尊重和关爱,这种需要得到满足之后,他们必定会更加努力地投入工作。下属一旦受到尊重,往往会产生比金钱激励大得多的激励效果。

尊重下属被很多团队管理者奉为一项重要的管理理念。有"硅谷常青树"美称的惠普公司认为,人才最需要的是信任和尊重。"经营之神"松下幸之助曾经这样告诉他的高层管理者:"要想很好地激励下属的积极性、责任感,那么你们就要拿出激励的武器——尊重。"因而他要求管理者必须做好"端菜"工作,当然,这里的"端菜"不是真的亲自为下属端菜,而意为要学会尊重下属,对下属心存感激之情。三星集团创始人李秉哲一直坚持"人才第一"的经营理念,他尊重下属,并创造条件使他们充分发挥才能。

那么,管理者该如何做才算是尊重自己的下属?可以从以下5个方面做起,如图4-6所示。

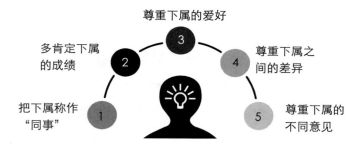

图4-6 管理者尊重下属的表现

(1)把下属称作"同事"

团队成员是管理者的下属,更是其合作者。一个团队是由管理者和下属组合而成的,这个团队的管理者和下属应该是平等的,只是分工不同而已。因此,下属也是管理者的工作伙伴。管理者把下属称作"同事",这不仅仅是个称谓问题,更重要的是体现了尊重。

(2)多肯定下属的成绩

下属在工作中,难免会出现一些小问题,出现这样的情况时,管理者不能太严厉。如果采取责备的态度,很容易造成上下级情绪的对立,下属在以后的工作中难免会出现排斥情绪。多肯定下属的成绩,也是对下属的一种尊重,即使不得不批评也要先表扬再批评。

（3）尊重下属的爱好

现在团队中可能有很多员工都是90后，这些员工平时看什么电影、玩什么APP、喜欢哪个明星，都可能与管理者有些不同。如果不能尊重下属的兴趣和爱好，管理者则很难收获与下属在工作以外的友情。如果对下属只是单纯的人格尊重，即使管理者做得足够好，那么下属可能还是感觉不够完美。所以要想培养好与员工的关系，首先要尊重他们的爱好。

（4）尊重下属之间的差异

由于教育背景、性格、生活经验的不同，每个下属都存在差异。这就要求管理者尊重下属的差异，然后找出下属的共同点，塑造起共同的价值观。同时，还要利用这种差异做到知人善任，千万不能用一种方法来做事，应克服偏见，这样才能让整个团队的工作更有效率。

（5）尊重下属的不同意见

很多管理者不愿意听取下属的意见，大多是认为下属的能力不足，他们的意见不具备参考价值。这种想法是错误的。诚然，下属的综合能力可能不如管理者，但这不能代表他们的所有意见都不高明。尊重下属的不同意见还是很有帮助的，有些意见可能对方案有补充作用，或者通过这些意见可以使管理者了解到下属执行时的困难。总之，身为管理者必须认真倾听下属的意见，尊重他们的智慧和能力！

综上所述，尊重下属是人性化管理的必然要求，也是回报率最高的感情投资，因此尊重下属应该成为每个管理者必须具备的职业素养。

每个团队成员都希望被关注，虽然不同的人希望被关注的地方不同，但都不愿被人忽视，特别是被团队管理者忽视。所以，成功的管理者，要从内心里尊重下属，让他们感觉到自己在团队里很重要。

4.10 关爱下属，把他们的利益放在重要位置

任何团队都会关心自己的利益，但有些团队管理者认为下属招聘进来之后，

只需对其下达任务，验收成果，发放工资就够了，其他的无需关心。其实不然，下属进入公司，除了有获取工作、工资等物质层面的需求外，还有情感等心理层面的需求。管理者如果只把下属当做实现团队利益的工具，就永远无法获得下属的心。人不是工具，下属只有同时得到团队及管理者的关爱，才能产生更大的工作积极性。

管理者需要关爱下属，把下属的利益放在重要位置，在下属最需要帮助的时候出现。

案例9 ▶▶▶

徐某是某海洋石油设备制造公司的电焊工，在工作中不慎伤了右手手指。消息传到公司，公司领导立即决定租用直升机将徐某送往医院，为徐某手指做手术。由于治疗及时，手指得以保住。

这件事不仅感动了徐某，还感动了公司其他员工。

现代团队强调的是以人为本，人是团队唯一能动的要素。把下属的利益放在重要位置，或者说积极为下属谋福利是管理者管理下属的基础。许多著名企业的管理者早就认识到了这一点，并采取各种各样的措施，完善下属的福利待遇，以激发下属的主人翁责任感，培养下属的敬业精神。

案例10 ▶▶▶

德国西门子公司早在1862年就给工人增加津贴补助；1872年实行养老金制；1873年缩短工作时间；1888年配备健康保险；1927年"成果奖金"在全公司实施，并对公司工作10年以上的所有下属都授予该奖。

此外，西门子公司还有一个上下级谈心的传统，目的在于加强思想沟通，改进管理者工作，增强合作意识，让下属感受到一种家庭式的关怀，并由此激发下属的潜能，尽心尽力为公司做事。

案例11 ▶▶▶

在世界各大航空公司中享有盛誉的新加坡航空公司，以严格的纪律和考核著称，同时也以优厚的福利深深地吸引着工作人员，该公司员工常为在此工作而感到无比自豪。

比如，新加坡航空公司规定凡每月工资低于2000新加坡元，并与公司签订了5年工作合同的下属，可享受进修补助、免费旅行，其配偶和子女也享受一定的福利待遇。

再比如，下属可持有本公司的股票，由于该公司经济效益甚佳，股票的红利相当丰厚，这种与公司俱荣俱损的关系，能够激发全体下属为公司尽心尽力工作的动力，从而促使公司经济效益节节上升。

从以上案例中可以看出，关心下属要从具体的物质待遇，到精神需求；从工作需要，到个人成长；从职场工作，到个人生活。管理者关心下属应从物质到精神对其进行全面激励，这比只简单地给予物质刺激有效得多。

具体来讲，可从以下5个方面来做，如图4-7所示。

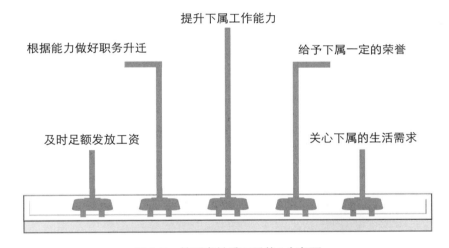

图4-7 管理者关爱下属的5个方面

（1）及时足额发放工资

很多管理者认为，入职的时候人力资源部都已经与员工谈好了工资，为什么还要关心下属的薪酬。其实这个主要是看下属的能力和贡献，要有一个相对动态的薪酬调整机制。这样才能够刺激下属做出更多努力，进一步发挥自身能力，而且如果下属的能力被管理者发现并认可，会对其产生正向激励。下属大多不会吝惜自己的时间和能力，就怕得不到认可，所以及时足额发放工资，并根据其贡献和能力动态地调整薪酬，会极大提高下属的积极性和参与度。

（2）根据能力做好职务升迁

任何物质刺激总是有限的，而且人有了相对稳定的收入之后，对地位的追求就会增强。所以，下属的升迁，是继工资薪酬之后管理者最需要关注的方面。关心下属的升迁问题，并非就一定要去满足他们的权力位置的需求，而是要给他们希望，留下一个空缺的位置，每隔一段时间，就有员工职务升迁。这样做，一方面，让下属看到希望，另外一方面让其看到可能性。

（3）提升下属工作能力

能力的进步，其实就是个人的成长。在职场，管理者关心下属的能力进步主要体现在不断地为其增加培训机会和外出考察的机会，扩宽下属的能力和视野，让下属认识到自己在工作上还有更大的提升成长空间，从而更加积极地配合工作。要让下属感到管理者不仅仅关注他们的劳动成果，更关心他们的个人成长，这样下属心里才会感到温暖。

（4）给予下属一定的荣誉

很多管理者希望通过给予下属一定的荣誉来激励其工作，但有时用错了阶段。当下属还处在物质贫乏阶段，仅仅使用精神刺激，是难以取得理想效果的。如何才能有效发挥荣誉的作用呢？应该在物质刺激、职务升迁、能力培养之后，再给予下属一定的荣誉，这样就能够起到好的效果了。这些荣誉也并非只是奖状，也可以是各种特权，比如多于一般员工的休假天数等。

（5）关心下属的生活需求

上文前4点涵盖了管理者在职场上需要关心下属的主要内容，接下来就需要跳出工作层面，关心下属的个人生活。比如，了解或解决下属的家庭困难，具体如孩子找幼儿园、住房的远近，以及父母身体健康状况等。这本质就是建立起对下属情感层面的关怀，使下属感觉到浓浓的人情味。

一个有人情味的团队，才能够更加有凝聚力。但很多管理者一开始就直接关心下属生活需求，实行家文化，这其实跳跃了前面的阶段，不能取得应有的管理效果。

管理者永远要把下属的利益放在重要位置，多关心下属情绪和心理，理解下属的苦恼与困难，竭尽所能帮助下属，这样才会成为下属心目中的好上司，真正赢得下属的尊敬和追随。

第 5 章

大胆授权，
人尽其才发挥集体的力量

授权，永远是团队管理中的一个热点话题，授权对管理者和下属的好处人尽皆知：管理者可以腾出更多时间做更有价值的事情，弥补自身的不足；下属可以得到激励，有成就感，以全身心投入工作，并通过尝试新工作、解决新难题，拓展能力素质，获得更大发展。

别吃了不会管理的亏：
带出卓越团队的10大管理工作法

5.1 敢于授权，管得少才能管得好

有些管理者整日勤勤恳恳、忙忙碌碌，事无巨细，都要一一过问，并亲自做出决定。然而，事与愿违，结果大部分没有预期好。其实，这就是不懂得授权。将权力牢牢攥在手中，不容半点弱化，是大多数管理者的通病。如果认为这样下属的工作就会变得很好，那就大错特错了。

管得少才能管得好，是著名管理大师杰克·韦尔奇说的一句名言。一个人的精力毕竟有限，想要把所有的事情都做好，那是不可能的。管理者只有懂得授权，才能调动团队的力量，充分发挥所有人的才智。沃尔玛创始人山姆·沃尔顿曾说过："一名优秀的经理，最重要的一点就是懂得授权和放权。"的确，管理者要充分信任自己的下属，大胆放权，将手中的权力合理分配，让他们有充分自主决策的权利。

大胆授权和放权，其实是一种管理上的大智慧。

 案例1 ▶▶▶▶

> 美国投资大师乔治·索罗斯是一个敢于授权的管理者，这完全缘于一次惨痛的教训。有一次，他出差归来，刚进办公室就看秘书抱着一大摞文件来找他签字，他翻看了几份文件后，气愤地说："这都是很重要的文件，已经积压了几天，为什么不让部门经理签字马上执行？耽误这么多天，公司将蒙受巨大的损失。"
>
> 乔治·索罗斯的话让秘书感到非常委屈，说："当初你定下规定说所有文件需要亲自过目，所以部门经理没权签字啊。"
>
> 听秘书这样说，他才想起确实是在不久前的会议上自己说过这样的话。
>
> 他懊恼地摇摇头，紧急召开部门经理会议，向所有人宣布："除非碰到没有办法解决的事情，否则不要事事汇报。"从那以后，乔治·索罗斯再也见不到积压很久的文件了。

授权是对下属信任与支持的体现，也是提高团队的工作效率和效能的重要途径。合理授权，可以让下属和团队共同成长。在快节奏、高效率的现代商业社会，管理者不能独揽一切，否则就会禁锢团队的发展。现在很多团队管理者会被各种各样的报告、邮件、文件、会议压得透不过气来，如果每一项请求报告都要亲自审阅、批示、签字，根本无法腾出足够的时间关注团队的重大决策。反之，如果适当将手中的权力下放，让每一个层级的下属都有自主决策的权利，就能大大提高工作效率。

　　管理是通过下属来完成工作的一门艺术，授权可减轻管理者繁重的工作压力，节约事务性工作耗费的时间。管理者不必事事亲力亲为，要把工作重点放在计划、策略、方法、方式上，站在团队整体战略的高度，运筹帷幄，决胜千里。

　　管理者通过授权可以充分了解下属的能力，激发下属完成工作的激情、主动性、能动性，使其获得归属感并增强其完成工作的信心。同时，授权可以让更多有潜力、有能力、上进、负责的下属脱颖而出，使团队充满战斗力、竞争力。

　　可见，正确授权无论对管理者自身，还是下属都是有好处的。但授权不是简单的权利分配，需要处理一系列复杂问题，不仅要清楚权限的分类，同时还要注意授权的方式，这是正确授权的前提。具体如图5-1所示。

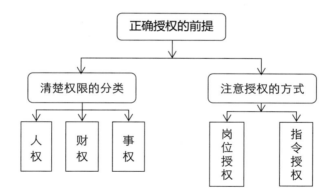

图5-1　管理者正确授权的前提

（1）清楚权限的分类

1）人权

　　人权就是人事管理控制权。包括人事招聘权、职务晋升权、职务罢免权、下属指挥权、下属考核权、下属定薪权、下属奖惩权等。

2）财权

　　财权也就是对资金支配使用的权力。包括资金预算权、资金支付权、资金使用裁定权、资产使用权、资产处置权等。

3）事权

事权也就是履行职责、开展工作的业务活动权。包括工作内容选择权、工作目标要求决定权、工作考核标准决定权、工作时间限制决定权、工作方式选择权、工作场所选择权（即选择在什么地方履行职责）等。

（2）注意授权的方式

1）岗位授权

岗位授权是通过对团队、部门和岗位的职责、权力界定，在授责的同时授予相应权力。组织架构健全的团队，都有"岗位说明书"（或者"职务说明书"）、"部门和岗位工作标准"。在这些组织架构设计文件中，就包含明确的职责和权力界定，所界定的职责和权力，也就是授权事项。

2）指令授权

指令授权是上级管理者临时性向下属下达指令，要求其完成一定工作，授责的同时授予权力。指令授权属于常规职责和权力之外，临时被授予的责任和权力，可有效、快速地调动资源对外部环境的变化做出及时、有效的反应，使下属完成管理者要求必须完成的工作。

管理者不需要每件事情都去过问，那些事必躬亲的管理者，反而可能会累人累己，使团队运营变得一团糟。权力是一种管理的力量，所以权力的利用要遵循管理规则。一个高明的管理者知道什么时候要收权，什么时候要放权。

5.2 擅长授权，敢授权还要懂授权

为什么有的管理者不肯授权，其实不是不敢、不愿，而是不懂、不会。授权是一门管理的艺术，敢于授权并善于授权，既是管理者心智成熟的表现，同时也是管理者能将事业做强做大从而获得社会尊重的基础和条件。

案例2

某管理者在刚进行授权制度时,要求下属当他不在公司时,公司如果有重大事情一定要给他打电话。后来他发现,这种做法不仅没让他成为真正的"甩手管理者",反而更忙了。无论大事、小事,下属总给他打电话,电话声此起彼伏,让他不但没有办法好好休息,也没有办法静下心来去思考公司的战略规划。

后来,他将"电话制度"取消了,给了下属充分的授权。要求被授权者如果碰到棘手的问题,而一个人又无法决定时,要找同一个部门的同事或者同一项目组的合作伙伴商量一下,将大家的意见综合在一起。后来他发现这种综合意见的做法不仅避免了个人意见的片面,更调动了大家参与公司决策的积极性,让下属更团结、更有主人翁的感觉,每个下属都像对待自己的事情一样去解决公司的问题。于是,该管理者在授权下属的基础上又增加了授权项目组。

成立授权项目组,可通过同事之间的相互观察和监督,让被授权下属更清楚自己的目标所在,从而能高瞻远瞩做决策。同时,被授权的下属也由于感受到足够的重视和信任,会有强烈的责任心和参与感。这样一来,整个项目的执行就会非常高效。

授权是管理工作中非常重要的一方面,只有懂得授权,管理者才能更好、更高效地展开工作。那么,管理者该如何授权?具体需要做好6个方面的工作,如图5-2所示。

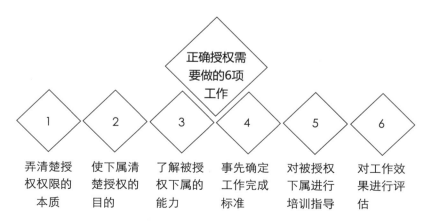

图5-2 正确授权需要做的6项工作

（1）弄清楚授权的本质

授权是一种权力的转让，但绝不是责任的转让。有的管理者将权力下放给下属后，就彻底放手了，只要结果不要过程，只要效益不承担责任，这是不对的。对管理者而言，授权最重要的是真正弄清楚权限转让的本质，当将权限转让出去之后，要能够很好地保留作为下属的好领导和合作者的身份。

（2）使下属清楚授权的目的

管理者的责任不仅仅是让被授权的下属知道要做些什么，还要使他清楚为什么这么做、什么时候做、和谁一起做、怎么做。否则，尽管管理者将一部分权限交给下属，也不可能充分发挥授权的作用。

（3）了解被授权下属的能力

每一个下属的工作能力及思想方法都会有所不同，所以应该充分了解他们的专长及做哪些工作最合适，然后将最符合其特点的那部分权限委托给他们。

（4）事先确定工作完成标准

管理者应与下属共同磋商，制订工作标准。同时还应商讨成绩评估方法，以获得一致性的意见。

（5）对被授权下属进行培训指导

为了更好地授权，需要对被授权下属进行特别的训练和指导等，使其能够更好地利用权力，为工作服务。

（6）对工作效果进行评估

授权出去之后，如果撒手不管就可能导致下属滥用权力。为防止这点，管理者需要对被授权下属的工作成效进行评估，这也是为保证权责进一步对等。

有些管理者不懂得授权，也不善于授权，更没有认识到授权的重要性和必要性，个人孤军奋战，穷于应付日常琐事，导致管理效率低下。授权就是要充分利用团队的力量来完成工作。

第5章
大胆授权，人尽其才发挥集体的力量

5.3 不必事事躬亲，只做急事要事

一个优秀的团队管理者，并不需要事事躬亲，而是要从更高的层次来把握好整个团队前进的方向。管理者要能协调部门间的矛盾，善于激励下属，营造有效的沟通氛围，让沟通成为习惯，培养指导下属，使其勇于承担部门工作责任。

 案例3 ▶▶▶

> 笔者因为出差在外一周，不能亲手带刚入职的实习生。一般来说，笔者会手把手写好大纲，让实习生完善细节和文案设计。
> 由于不想让该实习生在入职第一周感觉无所事事，所以笔者交给她一篇文案作业，给了她大致的思路，想着这文案可能要花她几天时间，等出差回来再改。
> 电话沟通之后，实习生提了一些自己的设想和构思建议，笔者并不同意，不过出于鼓励就说了一句："你自己看着弄，弄好请你吃饭，弄不好我回头自己改。"
> 笔者并不认为实习生能写好，毕竟她基本不了解业务，虽然文案有些基础，但通过电话未必能沟通清楚。
> 然而，她第二天就写出了一篇在笔者看来放在大号发完全能有10万以上阅读量的文案，其文字精炼简洁，用的案例比原先给的案例更生动、更新鲜。

作为管理者不要轻易干预下属的工作，不要什么事情都从头管到尾，从大管到小。事必躬亲、独断专行、疑神疑鬼会给下属带来压力，让下属越来越束手束脚，且对管理者形成依赖，失去工作的主动性和创造性。久而久之，整个团队就失去向前发展的活力和动力。

无论做什么工作都必须善于从全局出发，做好规划。只有做好规划工作才能高效、有序地进行。如果分不清事务的轻重，就有可能错过大好的机会。为什么许多人都在勤勤恳恳地做事，但结果却不一样？其中一个重要的原因是有的人缺乏洞悉事务轻重的能力，做起事来毫无头绪。

对于管理者而言，做规划的目的就是把工作分出个轻重缓急，坚持"要事第一""急事优先"。

按照事情的紧迫性和重要性,所有事务分为4类,如图5-3所示是4类事务及处理原则。

图5-3 事务按照紧迫性、重要性的分类

"要事"是重要的事,有利于实现目标、有价值的事,比如规划、技能培训。"急事"是必须立即处理的事,比如当你忙于手头的工作时,忽然有一个重要客户打来了电话,这时就不得不放下手边的工作马上去接听。对于不重要但紧急的事情、重要但不紧急的事情,完全可交给下属去做。因为每个人的时间和精力是有限的,能做的事也往往是有限的,作为管理者必须把有限的时间用在最重要、最紧急的事情上,千万不可迷失在那些看似紧急但次要的事情当中。

管理者一定要懂得做好规划,分清事情的轻重缓急,先做最重要的事情,然后再处理次要的事情。千万不要盲目忙碌,否则只等于做了无用功,既浪费了时间,又消耗了大量的精力。

管理者在做事情时一定要分清轻重缓解,紧急的、重要的事情亲自做,不紧急的、不重要的可以授权给下属去做。授权能让管理者从事务性、常规性的工作中解脱出来,有更多的时间与精力关注、开拓新的领域,构思团队未来的发展战略。

5.4 权力应该授给最适合的人

以前有个国王为了解闷就养了一只猴子。猴子天性聪明，得到了国王的喜爱，国王甚至把自己的宝剑都让猴子拿着。有一天，国王在后花园游玩，中途有点疲倦，就对身边的侍卫说："你们都到花园外面去吧，我要在这里休息一下。"

侍卫走后，国王对猴子说："我在亭子里睡一觉，如果有什么人想伤害我，你就竭尽全力保护我。"说完这几句话，国王就睡着了，没过多久，一只蜜蜂飞了过来，落在国王头上。猴子见蜜蜂想蜇国王，就拿起宝剑去驱赶蜜蜂，结果不小心把国王的脑袋砍下来了。

国王的悲剧在于，把权力授予了猴子，而猴子根本没有能力保护他。

这个故事启示管理者：授权之前，一定要找到合适的人；把权力授给最合适的人，才能保证工作顺利开展。

 案例4 ▶▶▶

> 刘邦打江山时身边有张良、萧何和韩信三大帮手，刘邦的高明之处就是能准确无误地授权。
>
> 张良足智多谋，称得上是运筹帷幄的高手，于是刘邦把出谋划策的重任交给了张良，让他做自己帐下的第一谋士。
>
> 萧何心思缜密，遇事处理谨慎周全，于是刘邦把粮草等后备物资的筹划、运输工作交给萧何，让他保障前线士兵的粮食供给，为前线提供物资支援。
>
> 韩信在作战方面堪称一绝，用兵沉稳，遇事不急躁，是一个难得的将才，所以刘邦授予他大将军的头衔，并把兵权交给他，让他带兵打仗。

刘邦的用人之道说明：权力要授予合适的下属。成功的管理者不仅要善于将整个组织的资源整合起来，更要善于授权，能把权力授予给最合适的人。

战争如此，团队管理也是如此。带领团队就好比打仗，越来越多的管理者认识到将手中的权力合理地授予下属的重要性，但权力的授予不是一件随随便便的事情，选择合适的人非常重要。

授权还要保证权力和责任的统一。在向下属授权时，既要定义好相关工作的权限范围，给予其足够的信任和支持；也要定义好责任范围，让下属能够在拥有权限的同时，可以独立负责，这样才不会出现团队管理上的混乱。

那么，怎样才能找到合适的被授权的人选？具体可按照如图5-4所示的标准进行匹配。

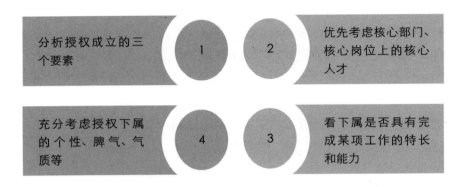

图5-4　选择合适被授权人选的标准

（1）分析授权成立的三个要素

授权成立需要符合三个要素。第一要素：任务，有明确的目标和信息要求，也就是管理者必须要求员工去完成某项工作。第二要素：权力，需要赋予员工完成某一项工作的相应权力，这时候，下属有权力去圈定一件事情，并为之充分做主。第三要素：责任，下属在做这项工作时所要承担的对应责任。

（2）优先考虑核心部门、核心岗位上的核心人才

一个团队的核心能力来自核心部门，而核心部门则取决于核心岗位，工作在核心岗位上的就是核心人才。管理者想授权，必须通过核心人才来实现，因此，在授权之前，应该优选考虑这部分人才。

（3）看下属是否具有完成某项工作的特长和能力

举一个很简单的例子，如果管理者10分钟之内，需要将一份纸质材料转换成电子版的文件，这个时候，肯定要选择最擅长录入的下属完成这项工作。如果随便让一个人来完成这个工作，碰巧对方录入速度慢、出错率高，就会把这个工作搞砸，影响后续工作。

第 5 章
大胆授权，人尽其才发挥集体的力量

（4）充分考虑被授权下属的个性、脾气、气质等

如果授权给一个脾气火爆、不善于与人打交道的下属去负责谈判，那么他很有可能由于缺乏周旋的耐心、无法控制自己的脾气而被谈判对手激怒，进而被对手牵着鼻子走。所以，授权时要考虑被授权对象的个性、脾气、气质等，而不能光看对方是否有能力。因为很多时候，光有能力不一定能把事情办好。

授权绝对不是一件随随便便的事情，其核心问题之一是这个"权"授给谁？因为并不是每个下属都是合适的人选，因此，必须找到与所授权力相匹配的人，这是决定授权是否能顺利进行的重要保证。

5.5 授权，必须以信任为前提

当找到合适的被授权人选以后，就必须充分地信任对方，绝不能以上级领导的身份随便干预其负责的工作。否则，这就是假授权，追根究底即是不信任，很多管理者正是对下属不信任才不会轻易下放权力。事实上，这是个恶性循环，殊不知，管理者的这些不信任反而助长了下属的依赖性。因为，当管理者时时事事都牢牢控制在手中时，下属参与的积极性就大大降低，只能唯命是从，工作中几乎不做任何决策，被动执行，即使出了问题，也不承担任何责任。这样一来，工作目标是否达成，似乎与下属无关，全系管理者于一身。

在授权上，信任是极为重要的。信任可以激发出被授权人诸多正能量，心理学上也有类似的现象。

 案例5 ▶▶▶

> 有位心理学家做过一项警觉实验，通过记录测试者对光强度变化的辨别能力以测定其警觉性。测试者被分为4个组：
> 第一组，不施加任何激励，只是一般地告知实验的要求与操作方法；
> 第二组的人被告知，他们是经过挑选的，觉察能力最强，理应错误最少；
> 第三组的人提前就得知要以误差数量评定小组优劣与名次；

别吃了不会管理的亏：
带出卓越团队的10大管理工作法

> 第四组每出现一次错误就罚款，每次反应无误就给一些奖金。
>
> 实验者让猜一猜哪组的警觉性最高？很多人都会认为不是第三组就是第四组，因为人总是希望自己能够在竞争中胜出，或是获得奖金。结果，第二组的警觉性最强。心理学家解释说，第二组的人受到了良好的信任，受到了积极正面的心理暗示，结果他们比那些希望在竞争中胜出、害怕受罚或希望获奖的人表现得更加优秀一点。

上下级之间的相互信任和理解，有助于团队精神、归属感的形成。只有下属对团队有了归属感，才会忠于团队、忠于自己的职业。反过来讲，也只有这样的团队，才能够把核心竞争力传递给每个员工，从而影响每位员工的行为。

 案例6 ▶▶▶

日本著名企业家松下幸之助对授权与信任的关系颇有见解。他认为，要用某个人，只有在充分信任他的时候，他才会一心一意为公司工作。

当初，松下电器公司在金泽市设立了营业所。可是，松下从来没有去过这个地方。经过一番考虑，松下觉得在金泽建立一个营业所是十分必要的。有能力去金泽担当管理者的人却没有几个，因为那些老资格的人必须留在总公司工作，以免影响总公司的业务。

这时，松下决定派一名只有20多岁的年轻人去金泽担任营业所的负责人。松下将他找来，对他是这样说的："这次公司决定，在金泽设立一个营业所，我希望你去主持。现在你就立刻去金泽，找个合适的地方，租下房子，设立一个营业所。资金我先准备好了，你去进行这项工作好了。"

年轻人听了这话后，大吃一惊："这么重要的职务，我恐怕不能胜任。我进入公司还不到两年，只是个新进的小职员。年纪也是20出头，也没有什么经验……"

但松下对他很信任。所以，松下以几乎命令的口吻对他说："你没有做不到的事，你一定能够做到的。放心，你可以做到的。"

这个年轻人一到金泽就立即行动了起来。他每天都把进展情况报告给松下。没过多久，所有的准备工作都已经就绪了，于是松下又派去了几个下属，开设了营业所。

第5章 大胆授权，人尽其才发挥集体的力量

松下幸之助之所以能够取得如此优秀的成绩，肯定是与其用人的才能密切相关的。当管理者看准一个人的时候，赋予其足够的信任，那么便能够帮助其最大程度地发挥才能。由此可见，信任在促进团队的发展方面起着极为重要的作用，它总能够调动下属的积极性，总能够收获下属的真心跟随与拥戴。用人不疑就是信任下属，让其独当一面。倘若管理者觉得下属有能力，哪怕出了一些失误，也不要怀疑，要一如既往地给予支持。

作为一名管理者，信任是推进授权发挥作用的一大法宝。倘若管理者选择出合适的下属授予其相应职权，并对其充分信任，那么整个团队大多能够一派生机勃勃，上下级的关系也能够越来越融洽。

管理者和下属之间要建立彼此信任的关系，这是授权成功的前提。授权管理的基础是团队的规范经营，是授权人与被授权人之间的充分信任。管理者应充分信任下属，并千方百计帮助下属实现目标。授权不是能不能的问题，而是管理者愿不愿授权的问题。

5.6 一手授权，一手监督

在笔者的咨询工作中经常碰到一个现象：团队成员经常抱怨管理者不授权，认为管理者事无巨细都要抓，自己有责无权等；团队管理者则经常苦恼，认为成员能力素质低、接不住权、扛不住事，自己太累了，同时由于缺少监督约束机制，担心授权后失控等。

下属嫌权力太少，管理者不敢授权，这似乎成了永远无法协调的矛盾。这里有个平衡点需要掌握好，即如何授权，管理者应既要敢授权还要懂授权。权力是很诱人的，如果把权力分下去，却没有被很好地利用起来，反而会起到反作用。

为防止权力使用不当，需要配备强有力的监督。法国启蒙思想家孟德斯鸠曾这样说："权力不受约束必然产生腐败，绝对的权力产生绝对的腐败。"权力在"监督真空"里非常容易变质，产生腐败，一旦产生腐败随之而来的问题就会如同洪水猛兽一般难以阻挡。

在现代大团队中，授权已经非常普遍，但对授权的监督却还不够完善，往往被管理者忽视，无形中为团队的发展埋下了隐患。监督对授权十分重要，合理的

组织制度，必然是授权与监督同时存在的，只有在明晰了职位之下的责权利，再建立相应的制度去监督，这样才能人尽其能，才会有一个和谐的环境。

成功的授权后，必须具备有效且反应迅速的管控监督系统。监督可限制和约束被授权者滥用私权，因为有些下属在被授权之后可能膨胀，再加上能力有限，经验不足，可能给团队带来不好的影响。因此，为保证被授权者不滥用职权或偏离原定的目标，管理者在授权时还应设置相应的监督，避免局面失控，使团队遭受不必要的损失。

那么，如何对授权进行有效监督呢？具体有以下3项措施，如图5-5所示。

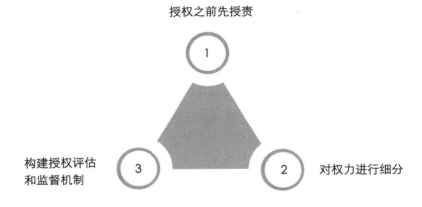

图5-5　对授权进行有效监督的3项措施

（1）授权之前先授责

授权是与授责联系在一起的，授权必须授责，授责必须授权。授责不授权或授权不授责，都是管理的大忌。管理者要培养下属承接权力的知识、技能、方法、工具，端正下属的工作态度，灌输团队经营管理之道，让下属充分了解计划、组织、协调、指挥、控制、领导等管理的基本职能，熟练运用管理工具和管理模式，清楚认知自己所扮演的角色、承担的责任、工作的规程及业绩的要求。

（2）对权力进行细分

管理者要降低授权的风险，就必须通过权力细分来实现制衡。权力细分是权力制衡的前提，没有权力细分，也就没有权力制衡。权力细分后的权力主体相互制约，可防止权力的滥用，降低管理者对下属运用权力的监督控制的必要性，从而相对解放管理者。权力细分的方式主要有流程细分、等级细分、职能细分、项目细分。

（3）构建授权评估和监督机制

有效的监督需要构建授权评估和监督机制，可分为3个步骤。

首先，设定授权评估和监督目标，以确保被授权人在授权范围内，更好地实现工作预期目标，避免各种可能发生的风险。

其次，明晰授权评估和监控流程，该流程使授权人与被授权人有相应的工作规范，并按照规范进行工作，以促进授权工作管理的标准化。

最后，加强相关制度建设。该环节包括制订授权评估、监督的相关规章制度，以强化相关部门的评估和监控职能等。只有充分关注授权评估和监督制度的建设，才能从机制上改变被授权者的心态，引导被授权人的行为，从而促进授权实现更好的效果。

对于团队管理者来说，倘若能够科学授权，运用好授权艺术，发挥好授权效用，将非常有利于与下属建立良好的信任关系，从而激发下属的工作热情，提升团队的战斗力。同时，授权还能够使管理者从繁杂的事务中解脱出来，很多具体事务不必亲力亲为，管理者可以将更多的时间和精力投入到团队的发展规划上，以及如何引领下属更好地运营团队方面。

但倘若授权管理失当，则可能会使团队管理者和下属产生摩擦和矛盾，轻则使团队的利益受损，重则可能使团队陷入更大的困境，甚至导致团队解散。

缺乏监控的权力必然滋生腐败，没有监督的授权一定难以发挥其应有的效用。授权与监督如同一枚硬币的两面，对立统一，相互依存。正确的授权是相对的、有原则的，是在有效的监督之下的授权。

第 6 章

及时沟通，
沟通不到位管理就会错位

沟通是人与人之间相互获取信息的重要途径。在管理工作中，做好与下属的沟通必不可少，没有沟通就没有管理，沟通不到位管理就会错位。与下属的沟通要及时、有效，并注意方式方法。

6.1 没有沟通，管理无从谈起

美国著名学者约翰·奈斯比特说过："未来的竞争是管理的竞争，而竞争的焦点在于内部成员之间，及其与外部组织之间的有效沟通。"日本著名企业家松下幸之助也有句名言："伟大的事业需要一颗真诚的心与人沟通。"

管理之妙，在于协调，有时间顺序的协调，有利益关系的协调，也有不同观点和心理的协调，而协调的前提是充分沟通。而从下属的角度看，也必须经常沟通，因为下属在日常工作中，不只是按规章办事，不少事情还需要向管理者反映，与管理者协商。

 案例1 ▶▶▶

> 李嘉诚是一个善于沟通的人，他在管理中经常与下属沟通。洪小莲曾经做过他的秘书，在回忆过往经历时，说："如果当年我的上司不是李先生，就没有今日的我。"
>
> 那时，洪小莲负责每天为李嘉诚收发文件，接打电话，工作内容非常简单，为了消遣，她总是利用午饭的时间来关注报纸上的娱乐新闻。有一天李嘉诚回办公室，恰好看到洪小莲在看娱乐新闻，就对她说："你看这些东西是没有用处的，非常浪费时间。"洪小莲心不在焉地应付了几句，等李嘉诚走后，她心里说：我浪费的是我自己的时间，又不是你的，关你什么事？
>
> 但是从那以后，李嘉诚经常找洪小莲沟通关于工作的事情，并鼓励她利用业余时间多学点知识，不断提升自己。随着不断沟通，洪小莲也从最开始的抵触变得慢慢接受，于是开始利用下班后的时间进修，最终从一名普通的打工者变成李嘉诚地产王国的高管，而她也被视为香港打工族的传奇典范。

管理者能否与下属有效沟通，将决定其管理成效，甚至团队的未来。随着团队中分工愈加精细，人与人之间、部门与部门之间，为实现共同的目标，无不需要充分沟通。互通信息有助于互相理解、互相配合，形成良好的工作氛围，增进彼此的了解，消除误解、隔阂与猜忌，激发下属热情，提高下属士气，增强团队凝聚力。

有效沟通在管理中的作用主要表现在如图6-1所示的4个方面。

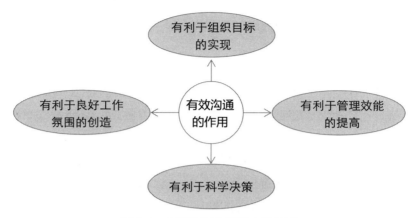

图6-1 有效沟通在管理中的作用

（1）有利于组织目标的实现

管理者在每个阶段都需要制订这样或那样的目标，这时就需要及时与下属沟通，制订共同的目标，实现下属与团队的共同进步。下属自我价值得到了实现，就会很有成就感，这样不仅实现了组织的目标又可以提升团队下属的积极性，下属从中也可以获取奖金和精神鼓励，团队和下属可以实现双赢。所以，只有先和组织内部人员达成有效沟通，才有利于组织目标的实现。

（2）有利于管理效能的提高

有效沟通，在现代管理中来说，最主要的是关注沟通的过程。有效的沟通不是为了沟通而沟通，而是通过沟通交流信息，从中发现问题、解决问题，从而使团队循环精进。管理者通过沟通使下属为团队发展献计献策，树立主人翁精神，从而提高管理效能。

（3）有利于科学决策

常说三个臭皮匠赛过诸葛亮，通过有效的沟通，让下属敢于表达自己的意见，从不同的角度看问题，总会有灵感闪现，为决策者提供良好的帮助，进而提高团队的创新能力。

（4）有利于良好工作氛围的创造

在团队中，如果团队成员间互相不沟通，有话不说，整个团队将会是一潭死

第6章 及时沟通,沟通不到位管理就会错位

水,空气中都将充满压抑,工作效率更无从谈起,团队成员的身心健康都会受到影响;如果成员在一起知无不言,言无不尽,有问题及时沟通,互相理解、互相帮助,矛盾、困难都会烟消云散。只有有效沟通,才能创造和谐的工作氛围,从而不断提高管理效能。

由此可见,沟通在管理中必不可少。团队管理其实就是一个全程沟通的过程。沟通在管理的过程发挥着重要的作用,很大程度上管理的过程就是沟通的过程。没有沟通,就没有真正一致的具体工作意见;没有沟通,就不可能进行充分的事实调研,没有客观的调研,正确决策也就无从谈起;没有沟通,下属就不能真正理解自己个人的工作职责;没有沟通,团队就不能发挥团队成员的组合优势,奔向共同的目标;没有沟通,团队各个层级的人就不能对团队经营发展战略进行确切理解;没有沟通,组织文化就不能在团队内得到传播和认同。

沟通是为了完成设定的目标,团队成员把信息、思想和情感,在个人或群体间传递,并且达成共识的过程。沟通是每个管理者在管理过程中需要面对的问题,也是每个管理者必须掌握的技能。作为一个管理者,只有善于与下属沟通,才能创建一个理解互信、高效运作的团队。

6.2 有效沟通,让沟通真正发挥作用

沟通,目的是让信息在双方实现相互交换,以去伪存真,去粗存精,更好地指导行为。然而,并不是所有的沟通都能达到这个目的。沟通有有效和无效之分,无效的沟通流于形式,起不到任何作用,只有有效沟通才能真正发挥作用。

如果管理者花费很多时间去表达想法、说服对方,但效果依然不佳,这时就应该停下想想当下的沟通是否有效。那么,什么是有效沟通,一般来讲有3个标志,如图6-2所示。沟通无效或有效性差,就意味着信息闭塞或者信息传递失真,这样管理者在进行决策时就可能出现失误。即使已经做出决策,在缺乏有效沟通的前提下,决策也无法顺利实施。

图6-2 有效沟通的3个标志

有效沟通在管理中起着重要的作用,为了确保沟通有效,尽可能避免无效沟通,管理者在与下属沟通时,可以参照以下5条建议。

(1)以开放的心态来沟通

沟通很多时候之所以无效,原因出在管理者的心态上。试想,如果无论什么时候管理者都给人一种盛气凌人、咄咄逼人的感觉,而且只顾自己说,全然不顾对方是否听得懂,下属怎么会心平气和地与其沟通。

沟通不在于说了什么,而在于接受者感知到什么。作为管理者一定要明白,沟通关键在于接受者的感知,并非自己说的话。因此,管理者在与下属沟通时必须秉持开放的心态,尊重信任下属,真心关心下属,理解下属的情绪、感受,同时全身心地倾听,正确解读对方说话的意图。

(2)沟通要做到准确清晰

管理者与下属沟通不能求全、求多,而是要瞄准所要谈论的想法和问题,将资料过滤,浓缩成几个要点。一次表达一个想法、问题,讲完第一个再讲第二个。同时,考虑下属的接受程度,使用双方都能理解的特定字眼、用语;长话短说,要简明,不多不少;确认下属真正了解自己的意思。

(3)正确地使用语言

开口前先把话想好,语言运用得是否恰当直接影响沟通的效果。少用讥笑的话,多讲赞美的话;少讲批评的话,多讲鼓励的话;少讲带情绪的话,多讲就事论事的话;少讲模棱两可的话,多讲意思明确的话;少讲破坏性的话,多讲建议性的话。

（4）创造良好的沟通氛围

古语有"堂前孝子多鼓励，室内无人再劝妻"，意思是说沟通要注意用词、场合。作为管理者，不能头脑发热、意气用事，不分时间、地点、对象，想怎么说就怎样说，甚至于怎样痛快怎样说，美其名曰"直爽"，殊不知，这样的口舌之快可能给他人带来伤害。管理者一定要走出办公室，与下属同甘共苦，通过一起劳动、一起旅游、一起联欢、一起聚会等多种多样的方式，与下属劲往一处使，心往一处想，营造和谐、融洽的沟通氛围，这样下属才能与管理者说真话。

（5）注重与下属开展感情沟通

人是有感情的动物，感情的积淀是增进团队与下属之间凝聚力的有效手段。如果下属在思想上出现了问题，那么他可能会失去对工作的热情和积极性，不能有效地完成工作任务，甚至会故意做出破坏行为。管理者做好沟通协调工作，不仅有利于解决矛盾，而且能够调动各方面的积极因素，达到事半功倍的效果。

因此，团队管理者要注重与下属开展情感交流，做到以诚相待、互敬互爱，消除沟通的障碍，通过进行思想沟通聆听下属的心声，并给予耐心开导和各方面的关怀、支持，努力帮助下属解决工作和生活中出现的困难和问题，以此促进感情沟通。这样会使下属感到自己受尊重，从而自觉为团队努力工作，保持爱岗敬业。

与下属的沟通不是闲聊，也不是毫无目的的互动，这种交流是商务型的、说事型的，它要求用最精简的话把事情说明白。因此，对于管理者来讲，与下属沟通时，不让自己陷入无用的废话闲聊中，也是一种能力的体现，对此需要加强训练。

6.3 及时沟通，别让问题越积越深

人与人相处，难免会发生这样或那样的问题，如朋友间的误会、同事间的纠葛、邻里间的纷争、夫妻间的争吵等。而沟通就是连接人与人心灵的一座桥，能化解彼此的误解，使问题得以解决，使双方重新认识彼此，相互之间更加理解、更加信任。

上下级也是这样，难免存在矛盾。有了矛盾就要通过沟通来化解，如果只是默不作声，问题会越积累越严重，最后甚至到了不可化解的地步。

 案例2 ▶▶▶

> 某公司下班都一个小时了，林总从总经理办公室出来，突然看到一个神情忧郁的年轻员工正在办公室收拾东西。
> 林总走过去，轻轻地说："年轻人，怎么了？"
> 年轻人说自己打算辞职了。
> 林总问了原因，才知道对方是刚入职的新人，经过几天的短暂培训后，管理者便把他丢在一边，不管不问。由于缺少交流和沟通，新人觉得工作无法继续下去。
> 林总听完，点了点头，然后十分动情地说："年轻人，我是这家公司的老总，你们每个人都是我的孩子，倘若你有什么问题，就可以直接找我。这件事是我做得不对，我希望你先留下来，下面的事我先了解一下。"年轻人听了很受感动，答应留下来。

沟通，是上下级相互理解、相互信任的基础。上下级之间不信任，会使信息得不到流通，从而影响工作的顺利进行，甚至还会引起很多不必要的问题。当有问题时，管理者需要与下属准确、及时地沟通，否则问题永远得不到解决。

那么，管理者怎样才能够与下属进行及时沟通？具体有以下3点，如图6-3所示。

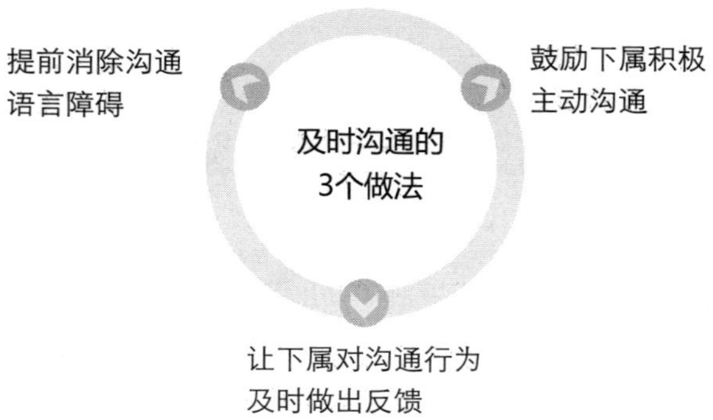

图6-3 及时沟通的3个做法

（1）提前消除沟通语言障碍

由于语言可能会造成沟通障碍，因此管理者应该选择下属易于理解的词汇，使信息更加清楚明确。在传达重要信息的时候，为了消除语言障碍带来的负面影响，可以先把信息告诉不熟悉相关内容的人。比如，在正式分配任务之前，让有可能产生误解的下属阅读书面讲话稿，对他们不明白的地方先做出解答。

（2）鼓励下属积极主动沟通

沟通是双向的行为。要使沟通有效，双方都应该积极进行沟通交流。当下属发表自己的见解时，管理者也应该认真地倾听。

当别人说话时，倾听者很多时候都是被动地听，而没有主动地对信息进行搜寻和理解。积极的倾听要求管理者把自己置于下属的角色上，以便于正确理解下属的意图。同时，倾听的时候应该客观地听取下属的发言而不做出判断。当管理者听到与自己不同的观点时，不要急于表达意见。因为这样会使管理者漏掉余下的信息。管理者应该先倾听下属的想法，把自己的意见推迟到下属说完之后再表达，鼓励下属积极主动地沟通。

（3）让下属对沟通行为及时做出反馈

沟通的最大障碍在于下属误解或者对管理者的意图理解得不准确。为了减少这种问题的发生，管理者可以让下属对沟通的内容做出反馈。比如，当管理者向下属布置了一项任务之后，可以接着向下属询问："你明白我的意思了吗？"同时要求下属把任务复述一遍。倘若复述的内容与管理者意图相一致，说明沟通是有效的；倘若下属对管理者意图的领会出现了差错，可以及时进行纠正。另外，管理者可以观察下属的眼睛和其他体态举动，了解他们是否正在接收信息。

当管理者与下属之间有误会或者矛盾时，就需要及时地沟通，了解问题与症结到底在什么地方，然后再想方设法地去解决。只有这样，才不会让双方的误会继续加深，问题解决后才会让彼此的关系越来越融洽。

6.4 学会倾听，鼓励下属多说话

很多管理者在工作的时候，有这样的情况：听取下属汇报工作或是提出的建议时，对方往往话还没说完，就粗暴地打断了。接着，会根据以往的经验对下属的言论进行批评甚至是嘲讽。这样做的结果是，管理者无法明白下属在沟通中想要表达的意思，给日后工作造成了很大的麻烦，甚至可能造成巨大的损失。所以，管理者在与下属沟通时要善于倾听。

惠普创始人之一戴维·帕卡德提出了"惠普之道"，他要求惠普的各级管理者要做的第一件事情就是先去倾听，然后去理解。这正是当代管理者需要的。多听少说，是沟通中必须注意的。有的管理者总是自己说个不停，从来不给下属机会。结果就是一场谈话下来，下属只是一味地听，无法很好地表达自己的想法和观点。对于下属而言，倘若根本没有说话的机会，只能处于被动地听，这种被动沟通注定效果会很差，不利于谈话双方的深入交流。

与下属沟通正确的做法是先做一位"听众"，表现出愿意接纳下属说话的态度。每个下属都有自己要表达的东西，管理者想要了解多一点，就要给他们一个表达的机会。

例如，下属除了每天朝九晚五地上班之外，内心还有什么想法？他们对团队制度是否满意？对团队未来的发展还有哪些期盼？对团队的管理有什么意见和建议？对下属的此类想法，作为管理者需要真正地去了解。只有主动去了解，才能够把握下属的思想动态和心声，才能有的放矢地去管理。在这方面，沃尔玛的创始人萨姆·沃尔顿做得十分到位。

 案例3 ▶▶▶

> 萨姆·沃尔顿经常去视察各地的分店，在视察的过程中，他每次都会与分店一线下属进行一番沟通。不过，他的沟通很有特色，少问多听。"你在想些什么？""你最关心什么？"这是他经常提到的问题。
>
> 据一位沃尔玛公司的员工回忆："我们盼望董事长来商店参观的感觉，就像等待一位伟大的运动员、电影明星或政府首脑一样。但他一走进商店，我们原先那种敬畏的心情立即就被一种亲密感受所取代。他以自己的平易近人

把笼罩在他身上的那种神秘色彩一扫而光。参观结束后，商店里的每个人都会非常清楚地意识到，他对我们所做的贡献怀有感激之情，不管那些贡献是多么微不足道。每个下属都似乎感到了自身的重要性。这几乎就像老朋友来看你一样。"

萨姆·沃尔顿曾说："我们都是人，都有不同的长处和短处。因此，真诚的帮助加上很大程度的理解和交流，一定会帮助我们取得胜利。记住，管理者必须总是把下属放在自己的前面。倘若你能做到这一点，你的事业将会一帆风顺。"

雄辩是银，倾听是金。倾听是工作沟通中的一大法宝，正是因为倾听才会有理解。

那么，管理者该如何鼓励下属多说话？具体做法有3个，如图6-4所示。

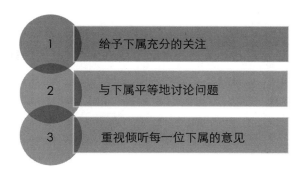

图6-4　管理者鼓励下属多说话的方法

（1）给予下属充分的关注

在与下属交谈时，不要因为任何突如其来的事务打断。如果是在比较嘈杂的公共场合谈话，也要尽量摒除其他事务的干扰。

真正地给予下属充分的关注，有个要点要注意，那就是眼睛要直视对方。一位下属这样回忆："我清楚地记得有一次我是如何地被触怒。那时我正和我们的业务经理共进午餐，每次有漂亮的女侍走过，他的眼睛总紧盯着她看。我觉得受到侮辱，并不由自主地想道：那位女侍的腿显然比我对他说的话重要，他根本没听到我说的话，根本不关心我！"

所以，管理者在与下属交谈时必须关注对方，这样才能使对方感到被重视；

假如不全神贯注，对方就会心不在焉。

（2）与下属平等地讨论问题

许多管理人员在与下属沟通时犯了大忌，把上下级关系变成老师和学生之间的关系。老师面对学生大都是教授者的姿态，而且包办了大部分话语权。管理者却不应该如此，否则可能会使下属产生抵触的情绪，使得有效沟通中断，最后变成谁也不听谁的。

管理者应与下属平等地讨论问题，不要像审问一样。比如，可以多问对方一些问题，同时要善于观察，做出及时的回应，表现出对其谈话感兴趣。

（3）重视倾听每一位下属的意见

当团队规模较小时，管理者和团队内所有的下属都能保持密切的工作关系，因为经常倾听别人的意见并不是一件很困难的事。但是，如果拥有百余名，甚至数千名下属的话，管理者还以同样方式去倾听下属的意见，实际上已经不可能了，时间和精力不允许。尽管如此，管理者还应与从前一样，重视每个人的意见。

可行的解决方法就是使管理人员铭记在心，通过不断的训练，记住倾听是件重要的事。美国一家大公司实行一种颇有特色的方法：召开推销会议时设立一个"你说我听"讨论小组。这个小组由公司内部各部门的管理者组成，包括行政部门、营业部门、制造部门、营销部门和研究发展部门等。在研讨会期间，他们仔细聆听每一位人员提出的问题。

沟通之道，贵在先学会少说话。管理者在沟通中如果不注重下属的话语权，不懂得给下属一个表达的机会，下属会感到未被尊重、不被重视，甚至会因此消极下去，大大地影响工作积极性。

6.5 主动询问，将听到的反馈回去

倾听下属的心声，并不是简单地听，更要主动地去询问。主动询问在沟通中非常重要，能给对方一种被尊重、被重视的感觉。日常生活中，也许遇到过这样的情景：去看大夫，如果这位大夫主动问一些问题，就会让人感觉到他是真正关

心病人的健康；如果没问多少问题就直接下诊断，给人的印象是他一点儿都不关心病人，只是对赚钱有兴趣而已。

在工作中，很多管理者不愿意主动询问，实际上，沟通问题就是不断地询问，绝大部分的沟通问题都是由不主动提问所致。不会提问的管理者自然无法与下属畅通地沟通，从而影响了沟通的效果。

主动询问，让下属参与到问题的讨论中来，可以大大强化谈话的效果，让下属获得满足感。不过，主动询问也有很多注意事项，最常见的有"四要"，具体如图6-5所示。

图6-5　主动询问的"四要"注意事项

（1）一要：要理解下属想说什么

管理者在询问前首先要弄明白下属到底想说些什么，是对团队的建议，对某人的意见，还是对待遇的不满。

由于每个人的性格不同，不同的下属在表达观点时采取的方式也不尽相同。比如，性格较内向的下属，在表述一些敏感的问题时可能会更加隐晦。这需要管理者在平时多与下属接触，多了解下属的动态，这些对正确理解下属的意图有很大的帮助。

（2）二要：要站在下属立场去思考

下属在表达自己的想法时，可能会有一些看法与团队的利益或管理者的观点相违背。面对此种情况，管理者不要急于与下属争论，而应该认真地分析他的这些看法到底是怎么一回事。为了更好地了解这些情况，管理者应该站在下属的立场上，为下属着想，这样做可能会发现一些以前没有注意到的问题。

（3）三要：要听完后再发表意见

管理者在倾听结束之前，不要轻易发表意见。由于管理者可能还没有完全理解下属的谈话，这种情况下妄下结论势必会影响下属的情绪，甚至会产生抱怨。管理者在发表自己的意见时，一定要十分谨慎，特别是在涉及到一些敏感的事件时，尤其要保持冷静，决不能一味地埋怨和发牢骚。

（4）四要：要做好记录，围绕谈话内容提问

管理者在与下属谈话时，最好随时做一些文字记录，一方面可以为后面的询问打基础，另一方面也表明对谈话的重视。管理者对自己做出的承诺，最好也进行记录。做出的承诺，要及时进行兑现，倘若暂时无法兑现，要向下属讲明无法兑现的原因及替代的其他措施。

倾听是用耳朵，询问是用心；与下属谈话不仅要用耳朵，更要用心。因此，作为一个管理者在与下属沟通时，除了注意倾听，还要根据倾听的结果主动询问，将所听到的反馈给下属。因为只有这样，沟通才是成功的。

6.6 多用建议，少用命令

在与下属沟通中，除了把握倾听、提问这些关键点外，还有一些小细节也需要特别注意，如谈话的语气、用词等。有些管理者在下属面前经常摆出一副唯我独尊的姿态，管理中独揽大权，爱搞一言堂，认为下属就是为自己打工的，从不把下属放在眼里，也很少给下属说话的机会。

这类管理者最常见的表现就是爱用命令式口吻。有专家曾说管理者最大的错误就是独断专行，而爱用命令式口吻是独断专行的集中表现。

在管理上独断专行，注定难以成就一番事业。独断专行会让下属觉得没有自

第6章
及时沟通，沟通不到位管理就会错位

由发挥的空间，甚至连最起码的照章办事都很难，因此独断专行的人难以得到下属的拥戴。既然管理者独断专行的危害如此之大，那么到底应该如何解决这个问题？

首先要改变说话的语气，注意说话的用词，少用命令，多用一些建议性、商议性的词语。

 案例4 ▶▶▶

> 某企业的生产车间非常脏乱，原因是生产任务比较繁重，大家都忙着搞生产，无暇顾及卫生情况。有一天，生产部主任来到车间，见地上又脏又乱，就把车间主任叫到跟前，大声斥责道："看看你的车间，还不赶紧收拾一下！"
>
> 车间主任不高兴地说："生产任务这么重，我们忙得连上厕所的时间都没有，哪里还有时间收拾这些？"
>
> "上面领导下午来检查，下班之前将卫生搞好，无论如何必须做完"。
>
> 在生产部主任的斥责下，车间主任不得不安排几个工人，草草地完成了打扫卫生的任务。但说实话，卫生情况并没有得到真正好转，这件事最后就不了了之。
>
> 下午，领导来到车间检查卫生，也发现车间比较脏乱。其中生产部经理先在车间里四处巡视一番，然后找到车间主任非常关切地问："最近赶工期十分忙吧？"
>
> 车间主任很热情地说："还好，向前赶工期已经完成了大部分，剩下的在预定期限完全可以如期完工。"
>
> 生产部经理说："我在车间转了一圈，感觉里面有点乱，可不可以抽个时间收拾一下？"
>
> 车间主任说："我也注意到了，我马上安排人。"
>
> 大概过了半个小时，生产部经理来到车间，发现里面已经井然有序，地上非常干净。

为什么生产部主任和生产部经理分别给车间主任下达了相同含义的命令，但结果却完全不同呢？是因为生产部主任的职位比生产部经理的职位低、说话不管用吗？当然不是，而是因为生产部主任下达命令的方式不对。

生产部主任说"还不赶紧收拾一下""下班之前将卫生搞好，无论如何必须做

完",语气强硬,给人不近人情的压迫感,容易激起车间主任的逆反,于是车间主任以应付来回应。

然而,生产部经理则不一样,他说"感觉里面有点乱,可不可以抽个时间收拾一下",虽然也是要求打扫卫生,但带有建议的味道,让车间主任感受到平等、被尊重。因此,车间主任欣然应允,马上安排人认真收拾。

由此可见,同样的话,使用的语气不同,沟通的效果也会完全不同。所以,管理者切忌表现得高高在上、颐指气使,也不能用强硬的命令打压下属。要知道,每一个下属都有自尊,都希望平等相待。如果管理者忽视下属的这种心理,采用命令的口气与他们沟通,要求他们去做事,下属最多只是把事情做完。但是倘若能够采用商量的语气、建议的口吻与下属沟通,下属往往会把事情做好。

另外,还应努力创造"知无不言,言无不尽"的沟通气氛。作为管理者,一定要清晰地认识到多听意见和建议对于管理工作的益处。尽管有时候下属的意见不一定对,但管理者一定要耐心倾听,主动询问,并且对下属积极献言的行为表达肯定和赞赏,这是保护下属积极性的重要举措。

人是情感动物,而不是机器;人会有情绪、有感受、有自尊心,而机器没有。当向机器下达命令时,要做的就是用力地按下某个按钮。而当管理者向下属下达命令时,倘若语气重了,就容易使下属有压迫感,使他们本能地抗拒;倘若轻声一点,多一点协商,多一点建议,下属就会更容易接受命令,做到管理者想要的效果。

作为管理者应该少用命令,多用建议,这样才会使人才聚集在自己的团队,才能够使人才为自己所用。

管理者一定要认识到,众人拾柴火焰高。个人的智慧始终是十分有限的,多问问下属的意见和建议有益无害。倘若管理者认为下属的意见不合理,可以在说明原因后不予采纳,但是当下属提建议时,一定要认真地听,并且感谢他们积极献计献策。

6.7 虚心接受下属的反对意见

通过生活、工作、学习的种种经验可以知道,要使每个人都对自己满意,是一件十分困难又不大可能的事情。事实上，如果能令大多数人感到满意，那就是一件令人愉悦的事情了。要知道，无论对错，无论何时何地，只要提出自己的意见，难免遭到他人的反对。

管理者的工作性质、责任、担当决定了其所说的每句话、所做的每件事都会引来下属的极大关注，同时也可能招致一部分人的反对。当管理者认识到这是一种必然后，就可以从另一个角度来看待下属们的反对意见，即使面对大部分人不同意，也不会因此而情绪失落。

对下属的反对意见，作为管理者要有一个正确的认识，不要犯以下两个禁忌，如图6-6所示。

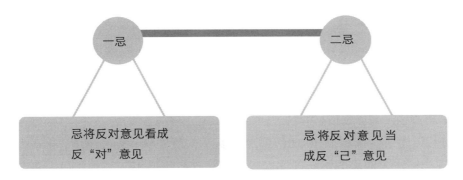

图6-6 管理者面对下属反对意见时常犯的两个禁忌

（1）忌将反对意见看成反"对"意见

有些管理者认为自己永远不会犯错，即使犯错也不承认，因此常常把与自己持相反、相异看法的下属看成是在挑战或者否定自己。

之所以会有这种心态，究其原因是怕在下属面前丧失权威，破坏自己在下属心目中的形象，损害面子。实际上，对于下属的反对意见，要具体情况具体分析。有错的要摒弃，并对下属做出适合的解释；对的就要善于吸取，积极采纳，不能一味地认为真理就掌握在自己手中，下属永远都是错的。

无数历史事实已经证明，管理者只有及时了解下属的意见，尤其是认真听取和接受下属的反对意见，才能增强管理工作的成效，减少工作的失误。那么，管理者如何才能做到承认自身的错误并接受下属的反对意见呢？这就需要摒弃那种认为承认错误就是在下属面前丢面子的落后观点，善于听取下属的反对意见。

（2）忌将反对意见当成反"己"意见

从辩证的角度来看，任何事情上都存在着相反的观点和意见。但是有些管理者习惯于从自我出发，喜听顺耳之言，每遇到反对意见，总是认为下属与自己过不去，甚至把下属的良好建议也当成对自己个人的不满。

这种狭隘的理解，将会造成管理者与下属之间的矛盾。古人云，防民之口，甚于防川。对于下属的反对意见，管理者必须实行真正的民主，允许、鼓励敢讲话、讲真话、讲实话，尊重来自下属的反对之声。

从人性出发，每个人都愿意听恭维和赞扬的话，不愿意听批评和反对的声音。于是，有些下属为了私利，只说管理者愿意听的和喜欢听的话，以获取好感，进而谋取个人利益。

是什么使下属的反对意见变味，变成变相的恭维之声？原因就在于某些管理者喜欢听恭维的话，乐意下属吹捧自己。古人云，上有所好，下必甚焉。正是因为有的管理者只爱听恭维的话，某些下属才投其所好，希望从中得到利益。换个角度，假如管理者胸襟开阔，善于接纳下属批评和反对的意见，广纳群言、善集民智，下属也没有钻营投机的机会。

所以，管理者遇到下属提出不同的意见是一件十分幸运的事情。由于每个人立场不同、对人对事的看法不同，下属与管理者所持有的观点不同，甚至完全对立是正常的。对此，林肯曾经是这么说的："如果要我读一遍针对我的各种指责，……更不用说逐一做出相应的辩解，那我还不如辞职算了。我在凭借自己的知识和能力而尽力工作，而且将始终不渝。如果事实证明我是正确的，那些反对意见就会不攻自破；如果事实最后证明我是错的，那么即使有十个天使起誓说我是正确的，也将无济于事。"

另外，管理者要积极正视下属的反对意见。既然下属提出反对，必然有他的理由。当下属提出不同意见，管理者与其回避不如光明正大地坐下来认真沟通，要正视其意见，并且沉着冷静地去分析，解决问题。当双方敞开心扉，管理者将不会再因这些反对意见而感到苦恼。

每个人都会有自己的看法与意见。作为管理者要以包容之心接受下属的反对意见，只有这样才能够得到下属的爱戴与支持，才会让团队一步步地走向成功。倘若管理者总是不愿意接受别人的不同意见、一味地自以为是，那么等待着的将是失败与痛苦。

6.8 正视下属的不满和抱怨

下属的不满和抱怨，到底对团队有利还是有弊，这要看不满和抱怨的性质，管理者对此不能一律排斥。现实中，很多管理者对下属的不满和抱怨，不加分析地持排斥态度是不对的。

作为管理者，不要绝对地以为下属的不满和抱怨就代表对团队、对管理者有成见。其实，这更多是下属表达自己情感和思想的一种方式。因此，一定要认真对待下属的不满，并经常与他们沟通，为他们排忧解难。

案例5 ▶▶▶

> 百安居集团十分重视下属的不满，当下属在工作、生活中遇到困难时，公司明文规定，可以直接找上级或更高一级的领导帮忙解决。百安居（中国）公司的副总裁、人力资源总监胡蔚雁举例说，有一次一名下属无理由被解聘，他于是向胡蔚雁投诉。
>
> 胡蔚雁先是了解了这位下属的想法，然后要求相关部门给出一个合理的解释。后来，胡蔚雁了解到，这个下属平时工作态度很好，只是在技能方面有些欠缺。后来，她与其他管理者商量，最后决定花一点时间和精力去培养他，并设立了几个月的观察期，看他是否能在培训中达到公司的要求。
>
> 事实证明：这位下属达到了公司的要求，而且工作十分努力。
>
> 在解决下属的抱怨和不满上，除了直接与管理者沟通外，百安居还制订相关的制度，以绝对保证下属的不满能顺利到达各级管理者耳中。例如，在百安居的英国总部就有一个"草根会议"，这个会议每月召开一次，专门接待一些来自基层的下属。每个人都可以在会议上说出自己的困惑，提出自己的不满，与公司高层面对面地沟通、公开对话。

管理者不能对下属的不满和抱怨，充耳不闻，置之不理，相反要与下属心贴心地沟通，了解他们的所思所想，了解他们的需求和困难，主动帮助其解决问题。这样才能体现团队对下属的人性化关怀，使下属感受到被尊重、被重视，从而激发下属的工作积极性。

那么，管理者应该如何了解下属的不满和抱怨？

（1）建立定期的例会制度

定期的例会制度使有关的工作情况在会上得到及时沟通。通过例会，各部门进行及时沟通，可以较快发现问题，找到漏洞，及时补救，如此才可以保证信息通畅，才会不断提高管理者的管理效能。

（2）开辟一个内部专栏

在团队的内部刊物中开辟一个专栏刊载下属提出的意见和建议。在专栏中刊载下属的意见和建议，可以避免面对面沟通给人带来的压力，更能使下属和管理者畅所欲言。

（3）设立"建议制度"

这项制度主要针对团队内的普通下属，鼓励他们就任何关心的问题提出意见，实际上也是为了避免向上沟通的信息被过滤掉所采取的强行向上沟通的办法。可采取诸如设立接待日、设置意见箱、管理者直接深入基层等措施，并对提出合理化建议的下属给予物质奖励。

（4）组织职工会议

经常组织由一定数量管理人员和普通员工共同参加的职工会议。通过职工会议，可以让各层级、各岗位的员工聚集在一起直接接触、直接沟通，发表意见和提出看法。这有助于发现问题，进一步改善管理工作，有利于提高管理效能，这是一种非常有价值的沟通形式。

管理者只要经常性地去了解下属的不满和抱怨，下属就会把团队看成自己的家，会热心参与团队的一切事务。广大下属心情舒畅了，团队的向心力和凝聚力就会增强，工作效率和管理效能也会提高。

第 7 章

善于激励，
下属的潜力往往是激励出来的

下属的潜能是激发出来的，作为管理者要善于激励下属。所谓激励是指通过各种有效的手段，对下属的不同需求予以不同程度的满足或者限制，以激发其需要、动机、欲望，从而形成某一特定目标，并为目标的实现保持高昂、积极的情绪。

7.1 下属的努力来自管理者的激励

每个员工的需求是很复杂的,要让他们努力工作,需要管理者运用多种激励手段去满足他们的需求。也就是说,管理者必须尽最大努力让下属的各种需求得到充分满足,以激起他们的热情和干劲,提高工作效率。

 案例1 ▶▶▶

> 沃尔玛创始人山姆·沃尔顿深谙激励的作用,非常重视对员工需求的满足,并将此种需求与企业利益相挂钩,以实现双赢。
>
> 例如,分红激励,规定每个在沃尔玛工作两年以上的员工都有资格分享公司当年利润。
>
> 再例如,雇员购股计划,以通过工资扣除的方式,让员工以低于市值15%的价格购买股票。这样员工利益与公司利益就紧密地联系在一起,实现了真正意义上的"合伙"。
>
> 此外,沃尔玛还实行许多奖金制度,最具代表性的就是损耗奖励计划。这种奖励是以店为单位,倘若某家分店能将损耗控制在既定范围之内,该店每个员工均可获得一定额度的奖金。这一计划不但激励了员工的工作热情,还大大降低了公司损耗,节省了经营开支。

激励,是管理过程中不可或缺的环节,通常是指通过设计适当的奖酬形式和工作环境、一定的行为规范和惩罚性措施,借助信息沟通,来激发、引导、保持和规范员工的行为,以有效地实现团队及其个人目标的过程。

有效的激励可以点燃员工的激情,促使他们形成更加强烈的工作动机,让他们产生超越自我和他人的欲望,并将巨大的内在驱动力释放出来,为团队愿景目标的实现而努力。因此,管理者需要激发下属努力工作的内驱力,具体方法如图7-1所示。

第7章
善于激励，下属的潜力往往是激励出来的

> **方法一**
> 提高下属薪酬待遇，科学合理的薪酬待遇不仅可以提高员工的工作效率，而且可以减少企业的综合成本，提升企业效益

> **方法二**
> 建立正确的绩效考评机制，重奖、重用做出突出业绩，或者在工作中有特殊贡献的下属

> **方法三**
> 强化内部竞争机制，激励人们去研究新动向、新问题，并明确规定适应时代要求的技术创新和管理创新的具体目标

> **方法四**
> 管理者的认可就是对下属工作成绩的最大肯定，当下属完成了某项工作时，最需要得到的是上级对其工作的肯定。因此，管理者应该重新构建企业的管理文化，形成尊重下属、认可下属的风气

图7-1　管理者激发下属努力的方法

当然，管理者在激励下属时也要注意一些问题，常见的有以下3个。

（1）激励不等于奖励

很多管理者都简单地认为激励就是奖励，因此在设计激励机制时，往往只片面地考虑正面的奖励措施，而轻视或不考虑约束和惩罚措施。从完整意义上说，激励应包括激发和约束两层含义，奖励和惩罚是对立统一的。激励并不全是鼓励，即正激励，它也包括许多负激励措施，如降职、淘汰等。

在每个团队中，下属都有各种各样的行为方式，但其中有部分行为并不是团队所希望的。对希望出现的行为，团队可以采用奖励进行强化；对不希望出现的行为，可采用约束措施和惩罚措施，即利用带有强制性、威胁性的控制技术，来营造一种令人不快或带有压力的氛围，将下属行为引导到特定的、积极的方向上。

（2）激励方式不要过于单一

激励是基于需求而存在的，而需求是多层面的，有物质层面，也有精神层面。因此，做好下属的激励工作需要客观看待、正确理解，并真正尊重下属的需求，实现激励方式的多元化。这是激励的基础，是激励的出发点。

案例2

基于人性的复杂和多元化的场景，华为公司设立了非常丰富的激励方式。根据《华为基本法》第18条的规定：华为可分配的价值主要包括组织权利和经济效益，分配的形式不仅仅是金钱或者经济利益，还包括发展的机会。

也就是说，在华为的激励体系中，除了有工资、奖金、医疗保障之外，还包括股权、分红、退休保障以及其他的一些人事待遇。

华为的激励方式非常灵活多变，又叫做多元化激励，具体体现在如表7-1所列的5个方面。

表7-1 华为多元化的激励措施

1	多重	员工的经济收入包括工资、奖金、分红、专项奖金、补贴等
2	多次	华为奖金的分配包括月度的分配，也包括季度的绩效奖金、年度的奖金，甚至包括跨年度的 TUP（time unit plan，时间单位计划）和一些不定期的专项奖
3	多种	激励不仅有金钱，还包括荣誉、晋升、认证资格，以及一些成长的机会
4	多人	华为的分配和激励方式会尽可能覆盖到大部分员工，比如华为内部有一个非常有名的荣誉奖叫"明日之星"，基本上会覆盖到80%的员工，尽可能激发到每一个人，营造人人争做优秀的氛围
5	多场景	华为的业务非常复杂，成熟的业务、新的业务、战略任务等，有老员工也有新员工，不同的业务场景匹配不同的激励方式，尽可能做到精准激励

（3）平均分配等于无激励

有的团队在建立起激励制度后，下属不但没有受到激励，努力水平反而下降了。原因是团队没有辅以系统科学的评估标准，最终导致实施过程中的平均主义，从而严重打击了贡献大的下属的积极性。科学、有效的激励机制不是孤立的，应当与团队的一系列相关体制相配合才能发挥作用。其中，评估体系是激励的基础，有了准确的评估才能有针对性地进行激励。在激励实施的过程中，一定要注意公平原则，让每个人都感觉自己受到了公平对待，必须反对平均主义，否则激励会产生负面效应。

第7章
善于激励，下属的潜力往往是激励出来的

在职场中，一个英明的管理者不但要学会用惩罚的手段促使下属改正错误、少犯错误，更要采取正向激励的手段调动下属的积极性促使其更加努力地工作。

7.2 物质激励：最直接的激励方式

提到激励，很多人想到的就是物质层面的激励。物质激励是指运用物质手段使受激励者得到满足，以进一步调动其积极性、主动性和创造性的过程。物质手段包括资金、奖品等。

案例3 ▶▶▶

A公司决定奖励一员工13万元。于是，总经理将这名员工叫到办公室谈话，说："由于你本年度工作突出，公司决定奖励你10万元！"这名下属十分高兴。

紧接着，总经理又说道："稍等一下，我问你件事。今年你有几天在家陪妻子？"下属回答说："不超过10天。"

总经理拿出1万元递到下属手中，说："这是奖给你妻子的，感谢她对你工作无怨无悔的支持。"

然后继续问道："你儿子多大了，你今年陪他几天？"

下属说："儿子不到6岁，今年我没好好陪过他。"

总经理又从抽屉里拿出1万元钱放在桌子上说："这是奖给你儿子的，告诉他，他有一个伟大的爸爸。"

面对总经理的奖励这名下属早已是热泪盈眶。刚准备走，总经理又问道："今年你和父母见过几次面，尽到当儿子的孝心了吗？"

下属十分难过地说："一次面也没见过，只是打了几个电话。"

总经理说："我要和你一块去拜见伯父、伯母，感谢他们为公司培养了如此优秀的员工，并代表公司送给他们1万元。"

这名下属此时再也控制不住自己的感情，哽咽着对总经理说："多谢公司对我的奖励，我今后一定会更加努力。"

> 同样是13万元的奖金，用不同的形式发，效果截然不同。这个总经理将奖金分4次发送，不仅是对职工辛勤工作的认可，更是对他辛勤工作背后的整个家庭的支持与关心。

现如今，许多团队都在讲"精细化管理"，也的确制订了许多规定，使管理力争做到精益求精，但是在激励员工积极性方面却欠缺精细。员工激励的精细化管理主要体现在"情"上。案例3中，总经理将13万分为10万元奖金和3次"情分"奖励，无疑超过了简单的13万元钱的作用。黄金有价情无价，用"情"管理，可以说是管理团队的一大法宝。

这也说明，在对下属进行激励时物质激励不可少，但要注意方式方法。现代团队的发展已经到达一定的高度，即使是新成立的团队，在奖金、奖品等方面已经能大大满足员工物质层面需求，因此员工对物质层面的需求不再是首要的。不少团队在使用物质激励的过程中甚至发现弊端很多，不仅物质耗费大，效果往往也难达到最佳，有时员工的积极性没有提高，反倒贻误了契机。

美国管理学家皮特指出："重赏会带来副作用，因为高额的奖金会使大家彼此封锁消息，影响工作的正常开展，整个社会的风气就不会正。"

随着社会的发展、管理的进步，特别人本管理的兴起，纯粹地依靠高额奖金的激励方逐渐退出主流，转而被多元化的激励代替。很多管理者认为，在现代管理中，更需要总结研究人本管理时代物质激励的定位，具体可从以下两点来理解。

（1）要做到有物质激励，但不追求过度依赖

在团队管理工作中，物质激励只是激励员工的手段之一，但不少团队却片面地以为只要给予丰厚的物质奖励，就能充分调动员工的热情和积极性。

（2）物质激励不能与激励画等号

物质激励由于看得到、摸得到，因此激励作用往往会很大。可是，很多团队在制订物质激励计划时往往非常主观，甚至把物质激励当作整个激励体系的全部，一种激励方式反复使用，用在所有被激励者身上，这是非常不合理的，久而久之会破坏整个激励体系的有效性。

物质激励，就是用物质作为下属所做贡献的回馈，给予下属物质层面的激励，更容易激起其工作积极性与进取心。需要注意的是这里说的物质，不仅包括钱，还包括可以换算成钱的实物。所以，物质激励不要误认为就是以钱为核心。

7.3 绩效激励：最稳固的激励方式

现代很多团队非常重视绩效管理，通过对绩效考核，得出绩效结果，并将结果作为员工薪资发放、奖惩、晋升、培训等的依据。

所谓绩效激励，是指通过一系列的评价指标，对员工的行为和行动做出公正、合理并且令人信服的评价，从而依据评价结果做出晋升、降职、调动、培训或辞退等决定。

绩效激励可使员工树立强烈的绩效意识，提高执行力，促使下属不断保持工作积极性。

 案例4 ▶▶▶

美国通用公司是闻名全球的企业，他们之所以经营得好，与其科学合理的绩效考核制度分不开。他们用一种叫做"活力曲线"的绩效考核办法，很好地促使员工不断学习、成长，保持长时间的工作积极性。

所谓的"活力曲线"是指通用公司的每个分公司的领导必须要把他所领导的团队员工进行区分，找出20个他认为工作最突出的，即A类员工；然后找出70个工作表现良好的，即B类员工；继续找出表现不好的10个员工，即C类员工。

此外，这三类员工的待遇也不同，A类员工可以享受B类员工2～3倍的奖励、大量的股票期权和现金，同时还有大好的升迁机会；B类员工每年会有涨工资的机会，还可以持有公司部分股票期权；而对于C类员工，他们什么也享受不到，最后只能离开公司。

这个"活力曲线"之所以推动通用公司的发展，是因为它符合大部分员工学习和成长的需要，它为不同的员工确定了一个更高的目标。在这个评价机制下，C类员工要努力成为B类员工，B类员工又要努力成为A类员工。这就在公司营造了一种"你追我赶"的竞争氛围，为每个人都树立了"没有最好，只有更好"的信念。这样，员工们为了获得更好的发展机会，就会积极努力，不断上进。

通过以上案例，不难看出绩效激励对下属的作用。绩效就是结果，而激励往往需要重视结果。在工作中，很多管理者只知道去安排任务，却不重视最终的完成情况。因此，下属尽管也在努力，耗费大量的时间和精力来做工作，最后却效果不佳，甚至事与愿违。如果重视工作绩效，以结果为导向，就不会出现这样的局面，因为有了预期的结果，就会有明确的目标，下属工作起来也会更有激情，更有干劲。

这就要求在实施绩效激励时必须从以下3个方面入手，如图7-2所示。

图7-2 实施绩效激励的3个做法

（1）以结果为导向思考问题

以结果为导向，重在强调站在结果的角度思考问题。因为只有先考虑结果，才能做到以结果为导向，不然就是一句空话。在结果面前，只有成功或者失败；在结果导向面前，不要轻易放弃，因为放弃就意味着失败；在目标面前没有体谅和同情可言，所有的结果只有一个——是或者否，因此，再大的困难也不能退缩。

（2）预先制订一个结果性目标

目标必须可以预见结果，这样的目标才有可实施性。这种做法体现了对工作负责的一种态度，即使最终因为各种各样的原因，在预定时间无法完成任务，至少可以看到与目标间的差距，总结经验，为下次目标的制订提供参考依据。

（3）作为管理者要先行动起来

作为一名管理者，有时不能只要求完美，要让下属真正去实行，先让自己动起来。例如，工厂车间某团队负责一个组装的项目，如果某个环节缺少一个配件，在这种情况下，团队管理者用语言描述哪里缺了什么配件是很难说清楚的，最好直接地向下属完整地演示一遍。很多项目都需要采用演示这种方法，其实这也是结果导向的一种思维方式。

绩效激励需要在管理中以员工的工作结果为重点，运用考核的办法使下属改变低效甚至无效的工作方式，提高每一环节的工作效率。作为一名管理者，在绩效激励中一定要树立"以结果为导向"的工作理念，要想方设法去保证工作的落实，为企业创造效益。

7.4 精神激励：满足下属的高层次需求

希望需求被满足是人类共同的心理特征。当需求有了明确的目标，就会立即转化为动机，从而激发人们去行动。所以说需求是人的行为之源，是人的积极性的原动力，也是激励的依据。

人的需求是有层次的，物质需求属于较低层次的需求，精神需求属于较高层次的需求。相关专家认为，人类价值体系存在两类不同的需求，一类是沿生物谱系上升方向逐渐变弱的本能或冲动，称为低级需求和生理需求；一类是随生物进化而逐渐显现的潜能或需求，称为高级需求。生理上的需求是人们最原始、最基本的需求，也是促使人们采取行动的强大动力。

每个人都潜藏着这两种层次的需求，在高层次的需求充分出现之前，低层次的需求必须得到一定程度上的满足。而低层次需求一旦得到满足，便不能激发行为，将被更高层次的精神需求所代替。

 案例5 ▶▶▶

阿里巴巴有非常完善的福利体系，包括三大部分，主要是财富保障、生活平衡和健康保障。三大部分中除了财富保障是物质激励，其他两个都属于精神激励。

比如，生活平衡保障里面有集体婚礼、中秋礼、路程假、带薪假、幸福班车等。然后还有各种各样的激励方式，最典型的是每年5月10日举办的"阿里日"。

> 这个是在2003年"非典"时期确定下来的，起因是当时公司的一名员工被诊断为疑似病例，杭州有五百多名阿里员工和他们的家人朋友从5月7号开始就被强制隔离，被隔离以后，员工就只能通过互联网办公。那个时候全球客户打电话给阿里巴巴，就会发现接电话的不单单是只有员工，还有员工的父母、配偶等。阿里员工和他们的家属在一个恐慌的氛围中怀着对未来的信心、对阿里巴巴的信任，坚持工作。马云和阿里的高层非常感动，为了感谢所有的员工和家属的支持，就把每年的5月10日定义为"阿里日"。"阿里日"实际上就是一个公司开放日，每年都会有庆祝活动。

企业必须有本企业特色的企业精神、企业文化，这些对员工而言都是精神激励。这样才能保证员工在享受工资、奖金、股票等物质层面的激励的同时，切实获得精神激励。

当前，很多团队已经基本满足了员工低层次的需求，员工的需求正在向更高层次的精神需求迈进。这时管理者再一味地注重物质层面的激励，效果就会欠佳；应该注重精神层面的激励，注意改善员工的工作环境、工作条件、职业规划等，从而让员工获得较高的心理满足。对员工进行精神激励常用的方法如表7-2所列。

表7-2 精神激励常用的方法

序号	方法	具体内容
1	目标激励法	目标是团队及其成员一切活动的总方向。团队目标有物质性目标，如产量、品种、质量、利润等，也有精神性的目标，如团队信誉、形象、文化，职工个人心理方面的满足
2	环境激励法	据调查发现，人人相互尊重、人际关系融洽的工作环境，能够激励职工安心工作，积极进取
3	领导行为激励法	根据有关研究表明，一个人在报酬引诱及社会压力下的工作表现，仅能发挥个人工作能力的60%，其余的40%有赖于领导者去激发
4	榜样激励法	榜样的力量是无穷的。如果有了榜样，职工就会有学习的方向、追赶的目标，就能从榜样成功的案例中得到激励
5	文化激励法	用团队文化熏陶出好员工。文化是推动团队发展的原动力。它对团队发展的目标、行为有导向功能，能有效地提高团队生产效率，对团队的个体也有强大的凝聚功能。优秀的团队文化可以改善员工的精神状态，熏陶出更多具有自豪感和荣誉感的优秀员工

其实,精神激励法范围是非常广泛的,除了上述表格中提到的之外,还有授权奖励法、谈话激励法、尊重激励法、集体荣誉激励法、继续教育激励法、赞美激励法等,管理者以宽恕、理解、关怀、期望、支持等一切带有正能量的情感去激励下属都可以当做一种激励方法。

以尊重激励为例,这是管理者激励下属最易操作、最实用的方法之一。尊重是一种最人性化、最有效的激励手段之一。管理者以尊重、重视员工的方式来激励他们,其效果远比物质上的激励要来得更持久、更有效。可以说,尊重是激励员工的法宝,其成本之低、成效之高,是其他激励手段都难以企及的。

在很多时候,管理者的一句"我为你感到骄傲"对下属而言是极具力量的话。倘若下属颇为出色地完成了布置的任务,或为节约资金和削减费用提出了一个很好的建议,仅仅说声"谢谢"是不够的。作为一名出色的管理者,应该到该下属的工作场所,当着所有员工的面说:"万分感谢你,我真为你感到骄傲。"

再以继续教育激励为例,西门子公司有个口号叫做"自己培养自己",反映出公司在下属管理上的深刻见解。和世界上所有的顶级公司一样,西门子公司把人员的全面职业培训和继续教育列入了公司战略发展规划,并认真地加以贯彻执行。

但西门子公司所做的并非仅止于此——他们把相当多的注意力放在激发下属的学习愿望、营造环境上,让下属承担责任并在创造性的工作中体会到成就感,同时引导下属不断地进行自我激励以便能和团队一起成长。团队也正是因为有了这些优秀的下属,从而获得业绩和其他利益的增长。

管理者应当与下属建立良好的沟通机制,充分地了解和认识下属,从而根据下属的不同情况采取相应的方法充分地激励下属。这样才能完全地发挥出精神激励的真正效用,从而提高团队的竞争力,推动团队不断发展。

当低层次的需要基本得到满足以后,它的激励作用就会降低,其优势地位将不再保持,高层次的需要会取代它成为推动行为的主要动力。因此,对下属进行精神层面的激励就显得十分重要。

7.5 赞美激励:真诚的赞美往往胜过高薪

韩国某公司有位清洁工,本来是个最容易被人忽视的角色,但就是这位下属在一天晚上公司保险箱被窃时挺身而出，与窃贼进行了殊死搏斗，保住了团队财产。当人们为他请功并问他当时怎么想时，他的回答令所有人吃惊。他说："没啥，我是为报答总经理的恩，因为他每次走过我身旁时，总会赞美我扫地扫得干净。"

没有物质的激励，仅仅只是几句赞美却发挥了极大的作用。人人都渴望得到别人的赞美，有时候，一句真诚的赞美甚至胜过高薪奖赏。有调查研究表明，员工把管理者对其工作的赞扬列为所有激励中最重要的。但遗憾的是，在这项研究中，58%的下属表示管理者一般不会给予这样的表扬。由此可见，团队不能仅用物质来激励下属，精神激励有着不可替代的作用。

人不但有物质上的需要，更有精神方面的需要，而被赞美、被肯定是精神需求的主要体现。由此可见，赞美他人是能够赢得人心的。在团队中，聪明的管理者往往是一个懂得赞美下属的人，这样他才能够吸引下属为其所用。想要带出卓越团队的管理者就应该具有能从下属的小动作、小事情中了解其本质并抓住其心灵的本领。

案例6 ▶▶▶

> 恰科被称为法国的"银行大王"，而他的职业生涯之路并不顺利，曾52次应聘均遭拒绝，直到第53次，得到人生中的伯乐赏识才开始进入银行。不过这只是一份打杂的工作，只干些琐碎的工作，但是恰科对此却毫不在意，每天认认真真地去做。
>
> 恰科认真负责的精神终于被董事长发现了。一天，就在他退出办公室时，一个动作改变了他的命运。
>
> 当时，恰科打扫完卫生准备出门，突然瞥见门前地面上有一根大头钉。为了不让它伤到人，恰科不假思索地捡了起来。
>
> 这一切恰巧被董事长看见，他马上认定，如此精细小心、考虑周全的人非常适合在银行工作。所以，董事长决定提升他，并在公司中大力表扬这种敬业精神。受到激励的恰科更加努力地工作，由于业绩突出，在原董事长退休后，他成功担任了这家银行的新任董事长。

在这个案例中我们可以看到，赞美的力量是惊人的，有时候一句赞美的话语甚至能够改变人的一生。但是，很多管理者都认为要让下属好好工作，只有加薪加福利，却忽视了最简单的方式——语言的赞美。一名下属做完了他的工作，除非完成得一团糟，否则管理者绝对不能够只提到工作中的缺点或错误，一两次还好，久而久之，下属必然会觉得自己的工作不能够得到上司的赏识。这种对自信心的打击，甚至可以击垮之前加薪带给他的信心。

所以说，赞美的艺术应该是一名优秀管理者必备的能力。下属工作出现问题，管理者应该看到他好的一面；下属工作完成得出色，管理者也不要吝啬赞美，当众表扬一下，一来提高下属的信心，二来也可以带动其他人努力工作。

美国著名女企业家玫琳·凯说过："世界上有两件东西比金钱和性更为人们所需——认可与赞美。"真诚的赞美，能使下属的心灵需求得到满足，并能激发他们潜在的才能。打动人最好的方式就是真诚的欣赏和善意的赞许。倘若管理者对下属说："大家知道，你很能干。最近单位人力紧张，有件事我们希望得到你的帮助。"这样先肯定对方的能力再提出要求，下属往往会被打动，愿意为管理者分忧，即使一人干了两个人的活儿也不会心生怨言。

总之，爱听赞美是人类的天性，倘若在管理的过程中，善于夸奖下属的长处，那么，下属工作的激情一定会高涨。

在赞美下属时一定要注意下面3个原则，如图7-3所示。

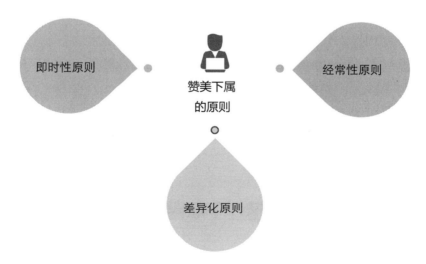

图7-3 赞美下属的原则

（1）即时性原则

心理学专家认为，人的心理期待是有时间期限的，在这个期限内听到赞美会受到鼓舞,而超出了这个时间期限,受到激励的效果就会大大降低。所以,要把赞美放在下属最需要的时候。下属圆满地办妥一件事,管理者一旦知道了就应该立刻给予赞美,这时赞美的效果最佳。千万不要等一等、看一看再说,否则可能因为一时的疏忽而错过最佳时机。

(2)经常性原则

下属在一项工作中做得十分出色,但过了一段时间就会被人们淡忘。倘若管理者能够记住,并在多个场合多次赞美这位下属,那么,这位下属的自信心就会逐渐增强,工作积极性也会被极大地调动起来。也许过不了多久,该下属还会做出更加令人瞩目的成绩。所以,一次性赞美是不够的,而要经常、反复地赞美,让下属在潜意识中感受到赞美的力量。

(3)差异化原则

赞美下属,一定要赞美他的与众不同之处,倘若对任何人都用同样的赞美之词,那么时间久了,赞美之词就成了变味的絮叨。因此,管理者要赞美下属所做的工作,而不是针对他个人。这样,下属会感到虽然管理者是在赞赏工作,但是其实更是对他本人的肯定,继而会更加努力地工作。

赞美是最有效的精神激励方法之一,有时候一句真诚的赞美甚至会胜过高薪奖赏。管理者一定要深谙下属的这种心理,在下属做出成绩时及时地给予适当的赞美,这样会让下属产生自豪感,更加努力地工作。

7.6 奖罚激励:关键在于掌握奖罚平衡

奖与罚都是一种激励手段,一个优秀的管理者总能恰当地运用奖罚。正确奖罚往往能够激发下属的积极性,提高下属的工作热情,从而大力推动整个团队的发展。但是,倘若奖罚偏离了激励的方向,就会使整个团队的发展越来越艰难,久而久之造成难以想象的损失。

第7章
善于激励，下属的潜力往往是激励出来的

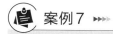

案例7 ▶▶▶

明朝的孔镛是个十分有才华的人，一次他在处理一起强盗侵扰事件中，理智地采取了"软硬兼施"的策略，而且还取得了很好的效果。

孔镛任高州府知府，刚上任没多久，一伙强盗突然聚众侵犯田州城。

大家都觉得要闭门守城，孔镛却说："闭门而守是支持不了几天的，只有向他们宣扬朝廷的恩威，或许还可以让他们退兵。"

于是，他带了两个侍从备马出城。强盗们看到他骑马出城都感到十分震惊，有人急忙上前盘问，孔镛答道："我是刚上任的太守，我有话对你们的头领说。"

强盗们搞不明白他的用意，只好将他带到头领跟前。强盗们都拔刀亮剑，怒目相向。孔镛表现得异常镇定，缓缓下马，从容地站在强盗群里，对众人说道："我是你们的父母官，请拿椅子来给我坐下。"强盗们搬来一个坐榻，孔镛不慌不忙地坐下，招呼众人上前。头领问他是何人。孔镛立马回答道："我是孔太守。"

孔镛又说道："我知道你们都是穷苦百姓，由于饥寒所迫才走进山林企图逃避死亡。"强盗们一听都点头称是。紧接着，孔镛又说："但前任官员不体谅你们的心情，硬是要将你们斩尽杀绝。"

强盗们难过不已，便纷纷骂了起来，他们历数前任官员的种种劣迹。这时，孔镛微笑着说："我奉皇帝之命来此出任太守，一定会将你们当作亲人来看待，真的不忍心加害你们。倘若你们能够听我的话，我可以赦免你们的罪过。你们送我回去，我会拿许多粮食布匹接济你们，只是你们以后不要再做杀人越货的勾当了。如果不听我的话，那么现在就将我杀了，日后有朝廷命官前来肯定会因此而让你们承担相应的罪责。"

强盗们感到很惊讶。头领说："如果你能抚恤我们，只要你在这里做太守，我们绝对不会去骚扰。"

孔镛非常高兴，拍着胸脯说："君子一言既出，驷马难追。"

强盗们纷纷拜谢，连忙杀牛宰羊，做了一顿十分丰盛的晚饭招待他。孔镛满足地吃完晚饭，在寨中过了一夜，第二天就带领众人进城，并给他们赠送了许多布匹、粮食。

就这样，强盗们从此退走，高州大地也呈现出一片太平景象。

这位聪明的太守能够抓住强盗们心理上的弱点,软硬兼施,并晓以大义,所以很快就赢得众人的心,从而避免了一场血战。可是,前任太守却一味地施行惩罚手段而使强盗们埋怨不已,自然也就无法达到安抚的目的了。由此可见,作为一个管理者一定要做到"软硬兼施,奖罚得当"。

奖励,是一种正强化手段,是通过对某种行为的肯定,使之得到巩固和保持;惩罚则属于负强化,是通过对某个行为给予否定,使之逐渐戒除。这两种方法,都是每个团队管理者管理下属不可或缺的手段。

一个下属在日常工作中总会有所长,也会有所短;既会有优点,也会有缺点。其实,这是十分正常的事情。奖励的目的主要是为了调动下属的积极性,得到奖励不仅会让人内心愉快,而且还可以满足人在物质和精神方面的某种需要,这正是下属需要和期望的。惩罚作为一种负强化的行为,会使人的物质和精神受到一定程度上的损失,这是下属所不希望和惧怕的。奖励和惩罚都是团队管理中不可缺少的手段,合理运用可以对下属的成长和发展起到积极的作用。

为了调动下属的积极性,为了规范下属的行为,必须同时制订一些相应的奖励和惩罚条例,并保证能够严格地落实下去,不要偏袒或者轻视任何人。每个下属的内心都渴望得到管理者的褒奖与认可,为此他们会产生一种勇往直前的精神干劲。"软硬兼施,奖罚得当"是管理者管理下属不可缺少的一种手段,如果做不到奖罚分明,则只可能会让无能者得志,让能者心怀不满。

所以,管理者只有奖罚分明,才能够赢得下属的敬佩与真心拥戴。当然,与此同时一定还要做到公正、讲情义、讲道理。

奖励与认可是每个下属都渴望得到的,他们也会因得到奖励,产生更大的工作激情,从而大大地提高工作效率。但惩罚也是必要的,如果下属犯下错误要给予相应的惩罚。只有奖励与惩罚并行,才能真正激发下属的工作动机,促使其自动自觉地投入到工作中。

7.7 只奖不罚,只会让更多人不满

奖励是一种激励下属努力向上的强大力量,惩罚则是一种约束性力量,两者共同作用才能起到应有的激励作用。然而,在近些年来大力主张"人性化"管理

的前提下，很多管理者都非常重视奖励，却忽视了惩罚。

相较于奖励制度，惩罚制度在数量、方式和力度等方面都相形见绌，甚至有的惩罚制度竟然变成了一纸空文，根本无法真正地落实下来。这种只奖不罚的做法十分不可取，这无疑是一种非常有害的管理毒药，长期使用只会给团队带来巨大的危害。

 案例8 ▶▶▶

> 有一家保险公司，在将近年终之时离完成年度任务指标还有很大的差距。为了达到这个指标，公司管理者不但对业务员施加压力，而且要求所有的内勤人员在做好自身工作的同时，还要完成一定的业务指标，并且规定了每个人一定要完成的下限指标。为了能够顺利落实下来，公司管理者还十分认真地制订了奖惩措施，对超额完成任务的人员会给予极其丰厚的奖励，对不能够完成任务下限的人员会给予一定的惩罚。
>
> 最后，这家保险公司"冲刺"成功，按时完成了任务。绝大部分人极为出色地完成了任务，而业绩相当不错，只有少数人没有完成。管理者按照事先制订的标准兑现了奖励，同时也没有惩罚没完成任务的人。
>
> 公司管理者认为那些没有完成任务的下属毕竟不是主流，况且公司目前的总体目标已经完成，从与人为善的角度出发，就根本没有必要和这几个下属过不去了。事先制订的惩罚措施就这样不了了之，这位公司管理者却没想到他的这种做法，让公司很多人不满。

在这个案例中，超额完成任务而得到奖励的员工、没有完成任务却逃过惩罚的员工都会感到喜悦与满足。而公司中大部分员工仅仅只是完成任务下限，这些人可能会感到不高兴和不满足。因为他们虽然在高压政策下付出很多努力，并克服很多困难，勉强完成了任务，可是公司对他们的回报竟然和对那些不思进取、偷奸耍滑者并没有什么不一样。得不到满足的下属虽然不敢明着去向管理者提出自己的看法，却可能私下里做了决定，今后再发生类似的事情，要像那些没有完成任务的同事一样。

管理者根本不知道，由于这个所谓"人性化"管理的失误，使团队惩罚措施的约束性力量在无形中失效了，而且这种影响将会在很长的一段时间里对组织产生负面作用。

在职场中，很多管理者竟然把奖励当成惩罚的对立面。在工作中，他们认为对没有完成任务的人不施加处罚，就等同于不奖励。其实不然，奖励的反义词不是惩罚，而是不奖励；同样，惩罚的反义词是不惩罚。奖惩制度应该是这样的：惩罚、不惩罚、不奖励、奖励。也就是说，奖励和惩罚都是相对的，应该奖励时不奖励，这就等同于惩罚，而应该惩罚的时候不去惩罚就相当于奖励。

一般情况下，很多管理者都只能看到显性的奖励和惩罚，却看不到隐性的奖励和惩罚。这就如同上面这个案例中的管理者在不知不觉中却"奖励"了偷懒耍滑的下属，从而让那些努力工作的下属心生不满。可以这样说，在团队中较多地采用激励性的奖励手段来管理自己的下属，当然是非常符合人性规律的。可是，这绝对不应该以减少或弱化使用约束性的惩罚手段作为前提条件。其实，奖励和惩罚并不矛盾，而且还是相辅相成的。一个有远见的管理者只有建立一个正确的奖惩观，才能够在奖惩之间游刃有余。

奖励是每个员工都渴望得到的，惩罚却是每个人都不愿意得到的。然而，在团队里管理者如果只是一味地奖励而没有对犯错的下属给予相应的惩罚，那么这个团队只会越来越混乱，越来越难取得经济效益，甚至会因此而一步步地走向解散。

7.8 信任激励：是性价比最高的激励方式

工作中习惯于相信自己，放心不下他人，甚至干预他人的工作过程，这可能是很多管理者的通病。这也容易形成一个怪圈：管理者喜欢从头管到脚，越管越变得事必躬亲，独断专行，疑神疑鬼；同时，下属也越来越束手束脚，养成依赖、从众和封闭的习惯，把最为宝贵的主动性和创造性丢得一干二净。如此的怪圈显然对团队的发展是不利的。

经营之神松下幸之助曾说："最成功的统御管理是让人乐于拼命而无怨无悔，实现这一切靠的就是信任。"不过，在信任问题上，不少管理者为之大伤脑筋。很多管理者时常为下属对自己的不忠诚、对工作的不负责任而愤怒。其实，问题大部分可能出在管理者身上，管理者可以试问一下自己是否充分信任下属。其实，下属的内心很容易满足，只要得到了上级充分的信任，就会迸发出难以想象的潜力。

第7章 善于激励，下属的潜力往往是激励出来的

信任是一种精神力量，能给人精神上强大的动力。因此，信任激励非常有效，较之其他激励方式性价比最高，投入少，效果好。

信任激励之所以能有如此大的效果，主要基于两点。

第一，人在心理上都渴望被尊重、被认同，很多人活在世上都在追求这一点。尊重与认同体现的是一种自我价值，没有什么比被人理解、被人尊重更能调动人的劳动激情，而信任就是一种理解，就是一种尊重和认同。

第二，人的行为会受情感的影响，管理者给下属信任，下属就会产生一种"决不辜负"的动力，就会努力回报。这一点在争取升职、力图证明自己的青年员工中表现得尤为明显。

那么，管理者如何做到充分信任下属？需要做好如图7-4所示的4个方面的工作。

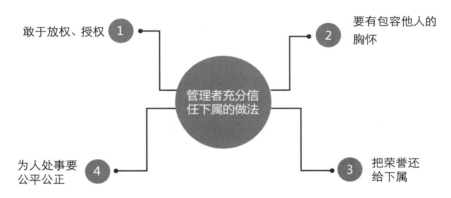

图7-4　管理者充分信任下属的做法

（1）敢于放权、授权

管理者对下属既要委以职位，又要授予权力，使下属敢于负责，明确自己的职责，大胆工作，忠于职守。

关于放权、授权，在第5章已经讲过很多，其实管理者敢于授权对下属而言就是最大的信任激励。有很多管理者，事无巨细，必须亲力亲为，其实正是对他人不信任的一种表现。因为不信任，所以不敢授权，大小事项，无论该管还是不该管，全部亲自处理，结果不仅管理者自己大为伤神，还极大地挫伤了下属的积极性。

（2）要有包容他人的胸怀

经常会听到管理者抱怨"不是我不信任他，只是……"，言外之意，都是员工

不称心、不争气。但反过来想一想，管理者对员工的要求是否有些苛刻？管理者的责任不是发现员工的缺点，而是挖掘他们各自的优点，并帮助其扬长避短。所以包容主要体现在两个方面，一是包容员工个性，二是要允许员工在尝试的过程中犯错。

（3）把荣誉还给下属

真正优秀的管理者从不贪图荣誉，能将荣誉还给真正做事的人，这样才能够迅速获得追随者的信任、忠诚、激情和能量。作为团队的管理者是不需要刻意追求其他荣誉的，因为作为团队负责人，其本身所居的职位就已经给了足够的荣誉，这种职位所带来的荣誉甚至超过了工作带来的荣誉。在这种情况下，管理者如果再去和下属争夺荣誉，将是一件非常愚蠢的事。所以，作为一个管理者必须把荣誉还给真正做事的下属。

（4）为人处事要公平公正

管理者要在为人处世上做到公平、公正，这非常不容易。抛开个人情感不说，每个人对公正的理解、认识也不同。比如，部门内奖金的分配，在没有内部分配规则的前提下，每个人总有理由认为自己的贡献更大，管理者如何在下属中分配奖金就是件很为难的事情。对能力强贡献大的下属，管理者往往平时和这类下属沟通比较多，如果奖金向这些能力强的人倾斜，其他下属可能会认为谁和上司关系密切谁拿的就多。最后，即使所有下属拿的都差不多，也可能有人会认为不公正，因为他们总觉得自己应该获得更多。

信任激励是一种基本的激励方式。上下级之间的相互理解和信任是一种强大的精神力量，它有助于促进上下级关系的和谐，缩短员工与管理者之间的距离，使员工充分发挥主观能动性，使团队发展获得强大的原动力，同时形成强大的团队精神和凝聚力。

7.9 鼓励激励：利用下属的失败激励他们

在工作中，每个人都会失败，不失败几乎是不可能的。当下属遭遇失败后，

第7章
善于激励，下属的潜力往往是激励出来的

作为管理者不要一味地批评，而是帮助他们渡过难关，总结经验，吸取教训，这样才更能促进下属进步。

吸取教训、总结经验是面对失败时最理性的思考，可以使犯错误的人对错误有更加深刻的认识，能更加理性地分析问题产生的原因，从中寻找出规律，避免下次犯同样的错误。古往今来，成功之人往往能从自己或他人的教训之中，寻找良方，避免重复失败。从这个意义上讲，失败同样是一笔可贵的财富。

学会从失败中吸取教训，引以为戒，就会使管理者获得进步、获得超越。

 案例9 ▶▶▶

> 美国企业家保罗·道弥尔就是这样一个聪明的人。他专门收购面临危机的企业，这类企业在他的手中经过整顿，个个起死回生，财源广进。
>
> 1948年，21岁的保罗·道弥尔离开了祖国匈牙利来到美国。当时，他一无所有，最大的资本就是一副健康强壮的身体。
>
> 在美国找一份工作勉强度日，并非是一件十分困难的事情，但是胸怀大志的道弥尔并不满足于仅能够维持生计。在一年半时间里，他竟变换了15次工作。他之所以这样做，并非朝秦暮楚，好高骛远，而是为了更深更多地了解美国，尽快地增长自己的才能本事，学会做自己不会做的事情。最后，道弥尔在一个制造日用杂品的工厂正式开始工作了。他总是不声不响地工作，主动帮助管理者忙里忙外，干得极卖力气，还做了许多分外的事，管理者被他这种刻苦耐劳、持之以恒的精神深深地打动了。
>
> 一天，管理者把道弥尔叫到办公室，对他说："我还有许多事情要做，我想把这个工厂交给你照看，你不会反对吧？"道弥尔十分高兴，他很自信地说："谢谢您对我的信任，我想我会把它管理得很好。"道弥尔做了工厂管理者，每周工资由30美元升到了195美元，这个数字在当时来说是不小的收入，但他追求的不是这个，他要向企业家的目标奋斗。这个小工厂固然能学点管理经验，但毕竟有限。

现实中，很多管理者总是鼓励下属努力取得成功，以苛刻的态度要求下属，不允许其失败。其实，失败与成功往往就在一线之间，什么是成功，什么是失败，标准不同，定义则不同。怎样解释一个人的成功和失败，也是管理者调动下属积极性，了解其个性、能力、心态的重要途径。

心理学家具体分析了成功与失败的主要归因倾向，认为成功和失败主要受四方面因素的影响：努力、能力、任务难度和机遇。

如果管理者善于赞美，则会把下属的成功解释为能力强又很努力，从而使当事人感到自豪和满意。如果管理者把成功归结为工作难度低、运气好，那么，该下属即使成功了，听了这番话，很可能也会垂头丧气。所以，怎么去解释下属的成功或失败很重要。管理者要学会通过不同的解释去激励人，激发下属的成就感；也可以根据下属的自我解释来分析他们的事业心、能力和面对工作的心态。

面对下属的失败，有的管理者只会十分严厉地批评，要求下属不再犯错，其实这是非常错误的。管理者正确的做法应该是允许下属偶尔失败，同时在失败后及时地给予指正，以免再犯。

7.10 晋升激励：职位、能力、薪酬的多重认可

为选拔优秀人才，晋升成为团队管理中非常常见的一种现象。提拔优秀的员工到更高、更重要的岗位上，对员工、对团队的发展都有重要意义。

然而，晋升对员工而言不仅仅是职位变化，不是从低一级的职位提升到新的更高的职位，而是一种激励和鞭策，因为晋升意味着将赋予与新职位一致的责、权、利。因此，晋升也是一种非常重要的激励方法，很多管理者通过晋升来激励优秀员工更加努力工作。

案例10 ▶▶▶

海底捞的晋升体系非常完善，纵观所有的分店店长基本没有"空降"，都是由员工晋升而来。通常各餐厅配备100～150名员工，包括初级、中级和高级员工，由店长负责考核。海底捞店长选拔步骤主要为：

一、选拔进入人才库。师傅可提名优秀徒弟进入人才库，被提名者将接受额外的有关餐厅管理、服务提供和内部政策方面的培训。

二、晋升为大堂经理。首先需通过内部考试，其次在餐厅内任职并能胜任该职位，由店长推荐参加培训课程，且培训结束后通过相应评估，以晋升

为大堂经理。

三，晋升为店长。店长可以提名通常为大堂经理的徒弟参加海底捞大学相关培训，候选人将历经半个月到一个月的课程培训，包括讲座及实践等内容，并在课程结束时通过评估成为储备店长。若储备店长所在门店在餐厅评级中具备新开门店的条件时，则其就具备了晋升为店长的资格。

每一位新员工均会获得分配一位师傅，师傅会为新加入的员工提供一周左右的培训，以及职业生涯过程中的帮助和指导，从而完成从初级员工到高级员工的转变，若达不到要求就会面临严格淘汰。根据招股书披露，海底捞员工平均可在约四年时间内晋升为店长。

得益于完善的晋升体系，内部优秀员工的潜能得到了最大限度的挖掘和开发，源源不断地为新开设的分店输送管理人才，满足了快速扩张的需求。

将团队内部业绩突出、能力较高的员工提拔晋升是一种十分常见的激励方式。这种方式能够带来包括工资和地位的上升、待遇的改善、名誉的提高以及进一步晋升或外部选择机会的增加。

不过，在员工晋升和奖励方面，不能操之过急，晋升事关整个团队所有员工，必须谨慎进行。晋升是一把爬不完的梯子，假如有两米的高度，人会想着有一天能爬到三米、五米甚至更高。管理者能给予下属的奖励总会有穷尽的时刻，到那时，拿什么来激励员工继续为团队做出努力？

很多管理者在握有晋升权力的时候，任意地打破晋升的常规，不但提拔的人非常多，而且升迁的速度也过快。因此，就会产生很多负面作用，这些不良影响包括以下4点，如图7-5所示。

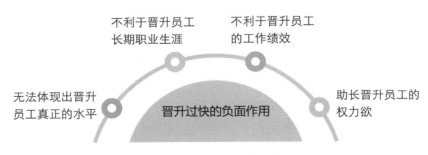

图7-5　晋升过快的负面作用

（1）无法体现出晋升员工真正的水平

如果升职的时间和周期太短，就没有办法客观地考核下属的工作情况，因为如果只是在这个职位上待了匆匆的几周或者一两个月，该下属的内在素质和工作的真实情况，并没有充分地表现出来。明代的宰相张居正就说过：器必试而后知其利钝，马必驾而后知其驽良。意思是对一个人的才能，应该试用，方知他到底如何。在提拔一个人时需要全面考查，比如德、能、勤、绩，这些都考核过了再辅以工作态度等对其进行综合考查。如果提升太快，就很难对这些一一考查，即使考查了也是流于形式。

（2）不利于晋升员工长期职业生涯

有些员工晋升过快，没有做好充分的准备，还没有积累足够的知识和经验，就坐到了自己不能完全胜任的位置上。如此一来，即便晋升了，因为他准备不足，在新岗位上也难以做出成绩，对个人的成长极为不利。

（3）不利于晋升员工的工作绩效

如果员工在工作时总是处于一种"打一枪换一个地方"的状态，还没有真正熟悉岗位要求就获得了升迁，那么可能导致员工对于一个岗位的工作，不会有什么长远的打算，他们的事业心和责任心怎能不受影响。这种情况下，他们肯定会产生功利投机主义的心态，为了晋升而工作，而不是为了工作而努力。

（4）助长晋升员工的权力欲

升职速度过快，有些人就可能会产生有心当官、无心干事的心态，这山望着那山高，他在一个台阶上还没站稳，就想迈下一级台阶，甚至会不择手段，只为升职。要避免这种情况，管理者就要严格地控制员工的超前晋升。

作为管理者需要让员工明白，想要晋升到某个理想的职位，必须通过长久努力，慢慢地达到目标。在这个过程中，难免会有人因为能力不足等停留在原职甚至是被降职下来，但大多数人一直在向上攀登。这是一种无穷的吸引力，让员工在不断满足的过程中，又面临着新的挑战。

因此，管理者在提拔人才时切记不要太快，最好设置一个过渡期，把握提拔人才的尺度，不可由一个极端走向另外一个极端。也就是说，不能老是将一名能干的员工保留在原职位，不给他一点奖励；也不可以在他有一点出色表现的时候，就立刻给予奖赏或者太高的待遇。在一个团队内，管理者应该让下属明白，虽然他很有才能,但任何晋升都必须等待适当的时机。为了不让下属感到失望,管理者要使其明白晋升不过是时间早晚的问题。

合理的晋升激励,员工收获的是升职加薪,团队收获的将是一种长期效益,两全其美。所以,聪明的团队管理者都深谙此道,把晋升作为一种长期的激励机制,以激发下属的积极性和潜力。需要注意的是,要避免晋升太快出现不可控制的问题。

第 8 章

巧妙批评，
批评下属要讲究技巧

作为管理者，在管理团队的过程中不可避免地要遇到批评下属的情况，对于团队管理者而言，"不批评"难以立足！当然，这种批评并不是乱批评、瞎批评、不分场合地批评。管理者通过批评能做到既不失威望又俘获人心，才是最好的。

8.1 不当老好人，批评反而能激励斗志

在对员工的管理中，现如今大多数团队都提倡正面激励，如表扬、赏识、鼓励等方式。但一味表扬、赏识、鼓励并不是好现象，反而会将员工的期待值越拉越高，久而久之，所谓的正面激励，就很难再产生应有的效果了。

这也是为什么很多老好人式的管理者，下属反而不买账；反观那些素有严厉之风的管理者，哪怕关键时刻的一个微笑、一句肯定性的话，都能让下属感激不已，奋力向前。

这说明，作为管理者不能一直当老好人，总以"红脸"的形象出现，应练就一套变脸的本领，必要时要扮演"黑脸"，该批评时就要批评。

批评对下属有很大的激励作用，能让下属对工作产生更大的认同感。

试想一下，如果一个管理者对下属从来只有嘉奖，那么下属就很容易将自己的工作积极性建立在被嘉奖的这个外部激励条件之上。换言之，管理者鼓励，下属积极；管理者不鼓励，下属可能就变得不那么积极。而批评虽然短期内给下属带来一些挫折感，但长期来讲则是一种激励，反而能提升积极性。

一个人被批评之后，从短期来看，积极性因为外部激励的消失而降低，可能会令被批评者感到生气、郁闷，但大多数员工不会因此而辞职，相反，在心里会开始为自己继续留在团队找一个理由。比如，需要养家糊口，这里有更好的发展等。这时候，其实来自外部的激励消失了，下属找到的理由一定是其内在的诉求。这样一来，下属就将工作积极性的基础，由外在的驱动力转化为了更稳定的内在的驱动力。

这种机制在心理学中被叫做"自我一致性"理论，该理论是指人总是倾向于使自己的心理和行为保持一致。也就是说，人总是想为自己的行为找理由。来自上级的批评责备，会让员工开始从内部去寻找和确认自己留在团队中工作的理由。

对下属只有表扬，没有批评是不可取的，表扬只能解决与之相关的某些特定问题，甚至不可避免地会产生一定的副作用。管理者太过宽厚，久而久之很难约束住下属。高明的管理者都深谙此道，要在该表扬的下属前是温文尔雅的绅士，在该批评的下属前则变身严厉的老师，就像一位演员在不同的场景中扮演不同角色。

别吃了不会管理的亏：
带出卓越团队的10大管理工作法

相比一个从不批评人的管理者，一个会批评人的管理者在给员工称赞、鼓励时，往往能给予其更大的激励感，这些称赞在员工心中会更珍贵、效果更大。这就是所谓的"落差善意"。

8.2 批评有绝招，避免过于直接

批评是管理者的重要工作之一，批评得好不好，不仅直接影响到不当行为重塑的质量，还会持续影响到下属的工作状态和人际关系。因此，当发现下属犯错后，批评千万不可过于直接，而是要注意方式方法。

 案例1 ▶▶▶

> 约翰·卡尔文·柯立芝是美国第30任总统，这位总统以少言寡语出名，被人们称作"沉默的卡尔"，但他在说话上十分讲究技巧。
>
> 柯立芝身边曾有一位漂亮的女秘书，常常因大意在工作中犯错，为此柯立芝几次想对秘书的行为进行批评，但他没有直接用强硬的语言指出其错误。
>
> 一天早晨，柯立芝看见秘书走进办公室，就对她说："今天你这身衣服真漂亮，非常适合你这样年轻漂亮的小姐。"
>
> 这番话简直让秘书有些受宠若惊。紧接着，柯立芝说："但也不要骄傲，我相信你处理公文也能和你一样漂亮。"
>
> 秘书瞬间意识到了这番话的真实意思，从那天起，她没有再在工作中出错了。

柯立芝批评秘书，没有用强硬的语言粗鲁地进行，而是在赞美后提出问题，委婉含蓄，让秘书在被赞美的惊喜中接受了之后的批评，这样既达到了批评目的又不伤害秘书。试想一下，假如柯立芝硬邦邦地命令女秘书认真改正错误，很有可能引起秘书情绪上的对立；假如倒过来，先批评秘书在公文处理中的错误，再赞扬她的衣服漂亮，也是不恰当的，显得没有说服力。所以，柯立芝的批评还是十分有技巧的。

这充分说明，管理者在批评下属时绝对不能直接批评，或者不讲技巧地批评。

批评是把双刃剑，运用得好可以起到警示和激励的作用，运用得不好，就会影响到下属的心理和工作状态。那么，批评下属时该注意哪些？一般来讲常用的有如图8-1所示的3个技巧。

图8-1　批评下属的3个技巧

（1）责人先责己

批评之所以起不到效果，很多时候是因为管理者触发了被批评者的心理防御机制。管理者说下属这里不好，下属心里可能嘀咕"那你那里也不对呀"，表面上顺从，其实心里一直认为管理者也有责任。

其实的确如此，很多时候下属犯错，将事情办砸了，不只是他本人的错，上级也有脱不开的责任。这时管理者如果不先反省自己的责任，怎么让下属心服口服？

下属犯错，管理者必有责任；如果下属犯错，管理者置身事外，那才是团队的悲哀。有功是管理者的，有过是下属的，这样的管理者根本不值得下属追随。优秀的管理者应该先主动承担责任，再去批评下属，这就叫做责人先责己，也只有这个时候的批评才是有效的。

（2）以事实说话，不要道听途说

下属犯错误后，大多数管理者肯定会十分生气，恨不得当场批评一顿。其实，这个时候，管理者反而要学会控制情绪，不可冲动，盲目指责，应该想办法先了解情况，根据实际情况做出应对。

批评要建立在事实的基础上，管理者在批评下属的时候，一定要弄清楚事情的真实情况，然后拿出依据来。特别是当出现一些重大错误的时候，在批评下属

别吃了不会管理的亏：
带出卓越团队的10大管理工作法

之前就一定要做好相关的调查和取证，不能只是根据别人的小道消息，或者是其他员工打的小报告就盲目下结论，否则就会让被批评者觉得管理者是在故意找麻烦。

（3）先表扬再批评，然后再表扬

先表扬再批评，然后再表扬，是指对某个人先表扬、再批评、接着再表扬的一种谈话方式，具体是把批评的内容夹在两次表扬之中，从而使被批评者愉快地接受批评。两层表扬夹着一层批评，因为十分像三明治的做法，故又称"三明治批评法"，现在已被管理人员广泛应用。

 案例2 ▶▶▶

> 某企业管理者鉴于给大客户提供的产品质量合格率下降的情况，找到生产部门的相关负责人谈话。以下是采用"三明治批评法"进行的谈话内容：
> "以前产品质量合格率都在98.7%以上，而且公司以你为榜样。但是，近来大客户的三个大订单，都只有80%的合格率，这种合格率将使客户抛弃我们。这些客户虽然现在只占我们10%的销售额，但在未来的半年之内，可能会增加到30%，甚至达到公司整个销售额的半壁江山。因此，如果这些客户抓不住的话，两年以后，公司的整体销售额可能只能维持在今天的状况，而且没有其他的新客户来。所以，我希望你回去好好检讨一下，为什么质量合格率会这么低。我相信，以你从前的那种精神和作风狠抓质量，合格率一定会上升的。"

以上案例中这个管理者在与生产部门负责人的谈话中，褒中有贬，既肯定了前面取得的成绩，又批评了后来出现问题，最后提出目标和期望，恰到好处地激励了员工的斗志。

作为一个管理者，如果不能够理智而艺术地批评下属，所谓的批评不但无法起到预期效果，还会挫伤下属的工作积极性，引起下属情绪上的反抗，甚至形成对立面，造成人际关系复杂的局面。

对待犯错误的下属要敢于批评，更要善于批评。批评不能过于直接、简单粗暴。最佳效果莫过于"随风潜入夜，润物细无声"了，既能达到教育警惕的效果，又能让对方心甘情愿接受。

8.3 对犯错误的下属多一点宽容

常言道，良药苦口利于病，忠言逆耳利于行。其中的哲理人人都明白，但真正被批评时却不那么容易接受。因此，管理者在批评下属时，就需要多些宽容，让良药不那么苦，忠言不那么逆耳。

批评不要过于苛刻，过于严厉，多一些宽容，就少一点对抗。否则，对方可能什么都听不进去。

那么，管理者如何做到对下属的错误多一些宽容？可从以下两个方面做起，如图8-2所示。

图8-2 管理者宽容下属的做法

（1）摆正心态：心态平和，情绪稳定

管理者在对下属进行批评教育之前，先要放松心态，把自己的情绪调到最佳。要克制住愤怒，理性分析下属为什么犯错，是有意为之，还是不可避免；还要分析错误的性质，是不痛不痒的小错误，还是后果严重的大错误。

不加分析的批评不仅会令被批评的人难以接受，更重要的是会让下属难以理解。有些管理者在对下属进行批评时，是在拿下属出气，是在"杀一儆百"。这样的批评下属心里会感到不平衡。如果这样的话，这个"一"宁可不"杀"，这个"百"也宁可不"儆"。总之，要让被批评的下属在一个比较缓和的氛围中接受管理者的话，让他们体会到管理者是在真正为其着想。

（2）注意说话方式：表达婉转，有分寸

很多管理者在看到下属犯了错误后，就想来一场暴风骤雨式的批评，并且认为响鼓就得用重锤，不然下属不会当一回事。其实，这是一种语言伤害。批评不能在语言上伤害对方，相反要注意在语言上的宽容。相比起毒辣的语言，管理者

采用婉转的表达方式效果更好。

因为从人的心理上讲，当一个人犯错后，正值情绪低落、心情不好，再去责备他、批评他，对方很难接受；而当其静下来，情绪有所好转后，再讨论犯错误的事则往往更容易接受。原因在于人在心情好时，心理抵抗力比较弱，对别人的话容易做出让步，容易接受。

因此，管理者在批评下属时，要十分注意措辞，做到客观、准确、委婉，拿捏好语言的分寸。批评的时候，语言的分寸最不好拿捏。关于分寸的拿捏，这里有个技巧，即轻话重说，重话轻说。

例如，去体检时如果查出了"三高"（高血压、高血脂、高血糖），医生会非常严肃地跟患者讲，像"要注意啊""这样下去不行啊""什么病都会有啊"；可是要真查出绝症，医生反而会说得比较轻松，比如"不要有心理负担""这个病现在治疗方法已经很成熟了""我们有很多专家，都很有经验""你要认真地听医嘱"等。

为什么会这样？就是因为大多数人在事情轻微时往往不在意，所以话要说重，事情严重的时候又被吓着了，所以话反而要说轻。

比如下属经常迟到，平时也没耽误什么事，但越是这种情况，管理者反而要把问题说得严重一点，不然没效果。可以这样对下属说："最近经常是一屋子人等你，你是觉得其他人的时间没你的时间值钱？还是觉得这份工作不值得认真对待啊？"小事情里面看到大问题，才能让对方警醒。

如果迟到真的造成了严重后果呢？这个时候，管理者态度反而要柔和一点。因为造成损失必定要遭到批评，也许下属心里已经很害怕了，如果管理者语气过重只能加剧这种心理，其他的什么用也没有；反而如果能帮助下属释放这种压力，更有利于问题的解决。

总之，批评下属时，管理者如果存在不恰当的态度、措辞，在一定程度上会激怒被批评者。其实，很多时候，可能就是一个很小的错误，管理者做出批评只是想帮助下属改正错误，但却因为方式不当，反而令对方心生怨恨。那些有善意但不注重方式的管理者经常会遇到"好心没好报"的情况。管理者在指出下属的不足，或者批评下属错误时，一定要注意方式，以包容之心对待。

下属犯错，很多时候是受认知能力和工作能力的局限，抑或其他客观原因所致，这是不可避免的。对于错误，大部分下属会产生自责、愧疚、恐惧等心理，特别希望能够得到理解与宽容。如果管理者再严格批评，无疑会加重下属的负面心理，让问题愈发严重。

8.4 当众责骂是非常愚蠢的行为

很多时候，管理者会遇到下属在公众场合犯错的情况，这时千万不可当众斥责，这是非常愚蠢的行为。不顾下属的心理感受，当着很多人的面厉声斥责，即使批评得再有道理，被批评者也难以心甘情愿地接受。

倘若有下属在公众场合犯错，管理者应该克制，充分运用批评的艺术。比如，可以用一些委婉的、幽默的话间接地批评，让下属先意识到错误即可，切记不可直接训斥。

 案例3 ▶▶▶

> 一家企业开业典礼，锣鼓、鞭炮、军乐队，一片喧闹声。主席台或主桌，所有的嘉宾和领导落座，服务员不紧不慢地穿梭于人群中，为每位客人倒茶。
>
> 一杯杯茶水端上来了，这个时候，管理者突然发现所有客人都上茶了，可是偏偏漏掉了前来参加开业典礼的副市长。
>
> 该企业的管理者脸色一下子变了，当场上前，大声批评负责端茶的某服务人员："你怎么搞的，你的注意力都到哪里去了！平时你是怎样培训的，是不是不想干了？"该管理者一脸吹胡子瞪眼的样子，场面顿时变得尴尬起来。
>
> 服务员一下子不知所措，这时才想起应该给这位副市长补上一杯浓茶，于是匆忙走到副市长跟前。
>
> 副市长起初并没有注意自己的茶是否上了，这一刹那突然明白，立马温和地说："没关系，没关系。"

每个人都有自尊，而且人与人之间尊重是相互的。如果管理者不给下属留情面，就算他当时不争辩，也很可能影响以后的工作。所以，管理者在批评下属时不要当着他人的面，包括同事、客户，以及家人等，要给下属留一定的情面，这也是尊重下属的最基本体现。

那么，下属在公共场合犯错时，管理者应该如何做，才能既不伤害其自尊，又能够帮助其认识到错误，改正缺点呢？主要有以下3种方法，如图8-3所示。

图8-3 下属在公共场合犯错时管理者的做法

（1）善意警告

在一项关于团队的调查中，其中一个问题为"当你的下属犯了错，你认为最有效的处理方式是什么"。在参加此项调查的200名中层管理者当中，有120名选择了严厉批评，以示警告。

而另一项针对员工的此项目调查中，当员工被问及"当你犯了错误，你认为部门负责人什么样的态度你更容易接受、更有利于你工作的改进"的时候，70%的员工选择的是单独地批评、善意地指导。

当下属在公共场合犯错后，管理者可采用暗示、警示、提示的方式间接批评，让其马上意识到自己的错误，停止错误的行为。

（2）真诚忠告

人犯错误在所难免，受到批评也是没有任何问题的。但批评也要分情况，一定要将犯错误的人和他所犯的错误区别对待，采取积极方式去处理。错误的事要否定，但人却不能否定，因下属犯错误就否定他自身的价值，这是管理者用人者之大忌。

所以，当下属在众人面前犯错后，管理者与其横加指责，不如给予忠告，必要时伸出援助之手，帮助下属认识到错误并从中学习经验，将其当做一次成长的机会。

（3）幽默提醒

幽默可化解紧张、尴尬的气氛。下属在大众面前犯错后，肯定会自责、紧张，甚至有些不知所措，很容易陷入尴尬的窘境。这时，管理者可以采取幽默的方式主动化解这种尴尬，帮助下属摆脱所处的窘境。

第8章
巧妙批评，批评下属要讲究技巧

 案例4 ▶▶▶

一个员工以参加其祖母的丧礼为由撒谎请了两天假，结果这件事被整个公司的人识破了，管理者也得知他这是撒谎骗取假期。当这位员工回到公司以后，管理者决定给予批评，但又顾及到他在整个公司员工面前的颜面，就采用了幽默提醒的方法。

管理者："你相信人会死而复生吗？"

该员工不假思索就答道："当然相信了。"

管理者："哦，要是这样的话就对了。"员工尚未反应过来。

管理者微笑着又说，"你刚请假去参加你祖母的丧礼了，今天她就来公司看望你了，可见，你说得非常正确。"

上面案例中这位管理者将对下属的批评非常好地融入玩笑当中，既达到批评下属的目的，又能够让他知道这样处理这件事的深意，避免了在全公司面前抬不起头。

每个下属都会犯这样那样的错误，作为一个管理者，如果下属偶尔有过失，千万不要在公众面前大声批评，唯恐天下人都不知道，要懂得给下属留一份应有的尊严，给他一个自省的机会。

有的管理者可能会辩解说："并不是我喜欢伤人自尊，而是他的态度实在太恶劣，一点悔过的意思都没有，我实在忍不住才说他的。"如果这样，只能说明管理者连批评的目的都没认识清楚，批评是帮助下属改正错误的方式。无论在什么情况下，犯什么错误，批评应该对事不对人，以不伤害下属的自尊心为最基本的前提。恰当的批评既可以保护下属自尊心，也可以给对方敲响警钟，使其改正自己的错误。

其实，只要管理者在批评时使用的方法正确，提出的意见是有建设性的，通常都能被下属接受。

倘若下属在工作中不小心犯下过错，作为一名管理者，千万不要在公众场合时大声斥责。大多数人都爱面子，管理者如果伤害了下属的面子与尊严，非但达不到批评的目的，而且会使彼此之间的关系变得越来越糟糕！

别吃了不会管理的亏：
带出卓越团队的10大管理工作法

8.5 不能揪住下属的"小辫子"不放

俗话说，人非圣贤，孰能无过。在团队中，每个人都可能会因为一时的粗心大意而犯一些错误。犯错误并不可怕，只要能改就好。管理者不要总把下属的缺点记在心里，动不动就旧账重提，在大庭广众之下不停地数落他们的错误，使下属背上沉重的心理负担。

案例5 ▶▶▶

> 玫琳·凯·阿什是个具有感染力的人，她创办了玫琳凯化妆品公司，并担任总裁和董事长。在她的努力下，玫琳凯化妆品公司成为了世界上最优秀的公司之一，她本人也因出色的能力成为哈莱蒂奥·奥托评奖委员会董事会成员，并在1978年获得哈莱蒂奥·奥托奖以及"年度企业家""年度事业女性"头衔。
>
> 在她的管理信条里面有很重要的一条就是：人才是一个企业中最宝贵的财产，企业管理的关键是人才管理。在记者问到她会如何对待不合格或犯错误的员工时，她说，最重要的就是学会宽厚待人，应该学会换位思考，其实当做不好一项工作的时候，最难受的是员工。而作为管理者，应该帮助员工发现问题，改正问题。如果发现该员工确实不适合这个工作，管理者也应该尽自己最大的努力去帮助他寻找其擅长的工作，完成角色的转变。
>
> 正因为此，她公司的员工满意度特别高，每个人都卖命工作，因为他们欣赏这样一位好领导的个人魅力，更相信只要跟着她做事就会实现自己的梦想和价值，有时候即使被批评，也一样会说声谢谢。

玫琳·凯·阿什的管理经验告诉我们总盯着下属的失误，是一个管理者的最大失误。波特定律说明，下属被过多批评时，往往只记住开头的一些话，其余就不听了，因为他们忙于思索论据来反驳开头的批评。

过于关注员工的错误，尤其是一些非根本性的错误，会大大挫伤员工的积极性和创造性，甚至使其产生对抗情绪，这样就会产生非常恶劣的结果。优秀的管理者会宽容地面对员工的错误，变责怪为激励，变惩罚为鼓舞，让员工怀着感激之情接受惩罚，进而达到激励的目的。要在批评的同时给予适当的肯定，把握好了，才能成为一名出色的管理者。

管理者要充分认识到这一点，集合下属的智慧为团队服务，进而达到企业目标。相反，如果嫉贤妒能，常常因为一点小问题，就动不动批评下属，那永远不会成为一名好的管理者。

当然，下属的小过错很可能会对团队造成极为严重的影响，但是一定不能乱加批评，必须具体事情具体对待，先原谅过失，然后再从长计议，寻找最合适的解决方法。不管遇到什么事，作为一名管理者先不要急着批评。人在冲动的时候总是容易做错事。所以，先给自己打上这样一剂预防针，当遇到事情的时候便会在潜意识里提醒自己。毕竟，下属也不是故意要把事情做错。面对下属所犯的错误，当管理者能够以宽容原谅对方的时候，他就能够因此赢得对方的尊重和信任。

每个人犯错都在所难免，但是不要揪住不放，一般情况下指出就可以了。千万不要事后又翻旧账，没事总拿下属犯过的错说事。如果下属已经非常努力地改了，管理者却在别人面前提他曾犯过的错，就会很容易伤了下属的心。

谅解是最主要的。揪住了下属"小辫子"，聪明的管理者就应该及时放开。圣人都有犯错的时候，更何况是自己的下属？管理者应该给予谅解，下属犯了错，及时给予纠正就可以了。犯错谁也不想，所以，谅解是很必要的。

犯点错误是人之常情，常抓别人错误不放，很容易让人反感，甚至让下属感觉到厌倦。作为管理者，心胸一定要宽广，如果抓住下属"小辫子"不放，反而会阻挡下属进步。下属犯错，作为管理者要适当地批评，切莫小题大做。

做人就应该大度一点，在这个世界上没有人能保证自己完美无瑕，不会犯任何错误。一味地抓住下属错误不放，不仅会使得管理者失去威望，招致埋怨和仇恨，还可能遭到他人的报复。

金无足赤，人无完人。要用一个人应关注他的才能，不是他的过失。因此，管理者在批评下属的时候，不要一味地强调细枝末节，以偏概全，而是应客观看待，不要因为下属曾经的一点小错误而看不到当下的成绩。

8.6 裹了"糖衣"的批评更容易让人接受

虽说良药苦口利于病，忠言逆耳利于行，但在现实中，真正乐于听取逆耳忠言的并没有几个人。在处理人情关系时，要注意尊重他人，即使是指责批评，也要先肯定对方的优点，这样对方才容易接受。

没有人喜欢被批评，倘若管理者想成功地让下属接受批评，一定要注意自己的态度。倘若在批评时，一味地指责或是表达自己的不满，下属只会产生抵触，批评将不会起到任何效果。相反，倘若在批评的同时讲究一些技巧，并采用正确的方式积极帮助下属纠正，将会大大弱化下属的抗拒情绪。

批评和被批评是人人都会遇到的事，批评也不总是坏事，倘若能够很好地运用，它能够解决很多问题。在英国，有句话是这样说的：要记住，批评是用来解决问题而不是侮辱人的，不要轻易地去批评谁。即使要批评，也应该在批评中加点糖，那么，批评就不会让人觉得那么苦了。

倘若管理者想要批评某个下属，最好先营造一种和谐的气氛，赞扬一下对方，或是说点恭维的话，然后再批评。例如可以对下属这样说："大家都知道你是一个性格开朗、努力工作的人，这样很好，但是你做的这件事情大家都无法理解，你有什么要解释的吗？"当下属说完自己的理由后，管理者就可以给出批评意见了。

案例6 ▶▶▶

刘某进公司不到两年就坐上了部门经理的位置，但是有个别下属却不服他，钱某就是其中一位。自从刘某当上部门经理之后，钱某经常迟到，一周五天，他甚至有四天都迟到。按公司规定，迟到半小时就按旷工一天算。问题是，钱某每次迟到都在半小时之内，所以无法按公司的规定进行处罚。刘某知道自己必须采取措施制止钱某的这种行为。

于是，刘某把钱某叫到办公室问道："你最近总是来得比较迟，是不是有什么困难？"钱某回答说："没有啊，堵车又不是我能控制的事情，再说我并没有违反公司的规定呀。"刘某又问："你家住在体育馆附近吧。""是啊。"钱某十分疑惑地看着对方。"那正好，我家也在那个方向，以后你早上在体育馆东门等我，我开车上班可以顺便带你一起来公司。"没想到刘某说的是这事，

第8章
巧妙批评，批评下属要讲究技巧

钱某反而有些不好意思，喃喃地说："不，不用了。你是经理，这样做不太合适。""没关系，我们是同事啊，帮这个忙是应该的。"刘某的话让钱某脸上突然觉得发烧。事后，钱某虽谢绝了刘某的好意，但他此后再也不迟到了。

批评的艺术可以被称为一种为人处世的修养艺术，在批评的过程中，适时地采取先表扬后批评的方式，能使被批评者树立改正错误的信心。因为这样可以让被批评者认为自己是有优点与长处的，即使有错误也能很容易地接受批评，并加以改正。管理者在批评时要学会变"害"为"利"，使"硬接触"变成"软着陆"，即在"苦药"上抹点糖，看似失去了苦味，但却药性不减。

人才是一个团队中最珍贵的财产，团队管理的关键就是对人才的管理。所以，团队对人才应该多加关爱。这种关爱，不仅仅是表现在对下属的生活、工作和日常交流上，更表现在对待下属的错误方面。事实上，批评是一门艺术，关键看你怎样进行表达。倘若批评的话说出来既可以让人接受，又能指出别人的错误，那就达到一定境界了。

作为管理者，在批评下属时可以先给予对方适当的赞扬，然后再加以批评，这样不但会减弱对方的抵触情绪，而且还会得到对方的感激与理解。

8.7 批评的同时最好给出建议

管理者在下属犯错误时，如果只看到错误本身，并没有深究错误产生的根本原因，也没有给下属提供建议，让他避免类似错误的发生，这往往会使下属重复犯错，降低团队效能。

管理者站在一个很高的角度上，看到的应该比下属全面而且彻底。当下属出现错误时，管理者就应该明确地告诉他，他的做法错了，为什么错了，怎么做才是最好的，应该给下属一个详细而合理的分析。这样，下属既能明白问题的实质，也会对管理者感到信服，否则，即使管理者的指责是正确的，下属因为认识的局限性也会心生怨言，还会给管理者戴上一顶"粗暴的管理者"的帽子。

> **案例7** ▶▶▶
>
> 某公司的经理发现他的一名下属经常迟到,刚开始时还只是偶尔,后来逐渐成为一种常态,于是经理想了一个办法。一天下班之前,他约这个下属第二天上午上班时到自己的办公室商量事务。这个下属一听经理有重要的事情找自己,第二天破天荒地没有迟到,早早地就来到了经理的办公室里等,结果过了一个多小时,经理才姗姗来迟。一看见坐在沙发上的下属,经理就惊讶地说:"你来了很久了吗?"下属急忙站起来说:"也没有太久。"经理笑着对他说:"不好意思,我看你平常都是这个时间才到公司,所以现在才来。没想到你今天这么早到。"说完之后就若无其事地开始与他商讨工作事宜。有趣的是,从此以后,这名下属再也没有迟到过。

这位经理可以说是相当有智慧的管理者。他并没有正面批评下属迟到的行为,也没有就这件事情大做文章,而是通过隐晦的方式告诉这名员工:自己并非不知道他迟到的行为,也不是对此没有任何的看法,只是出于同事的立场给他一个台阶下而已。这种温和的方式,既容易让下属接受,又达到了经理想要的效果,显然比简单粗暴的批评更加有效。

一般来说,下属犯了错误会感到痛苦和忧虑,既害怕承担后果,又担心引起其他同事们的不满和怨恨。如果管理者能在这时给下属提供建议,帮其改正或解决问题,那么下属一定会感到安慰和鼓励,从而全力以赴地处理好今后的工作。对于下属所犯的错误,管理者给予指导性的建议才能让下属心服口服。

怎样才能给予下属指导性建议呢?具体如图8-4所示。

图8-4 管理者对下属进行指导性建议的步骤

(1)重视下属的错误

管理者不要对自己说下属犯错只是偶然事件,以后不会再发生。管理者对下属所犯的错误不能消极处理,更不能无视。问题越早处理,解决起来也就越容易。

（2）指出下属犯错的原因

管理者自己明白下属犯错误的原因还不够，还要让犯错的下属明白他做错了什么，这种错误的后果会怎么样，以及下一步应该怎么做才能不重复这种错误。

（3）同下属一起改正错误

如果已经知道下属犯错的原因，管理者要就错误的产生进行分析，找出背后的真实原因，明确指出问题的核心所在。要用准确的语言，来表述下属所犯的错误，这样使管理者的批评更有说服力。

（4）让下属进行自我反思

自我反思是从错误中吸取教训的必要过程，管理者要给予下属足够的时间进行自我反思，总结出经验教训，避免重复同样的错误。员工的智慧成长最重要的是对错误的反思，所以作为管理者应帮助员工进行错误分析与反思，让每次错误都为员工的成长助力，这将大大提高员工成长的速度，并减少其再次犯错误的机率。

管理者应该学会换位思考，当在一项工作上犯错的时候，最难受的是作为当事人的员工。而管理者应该帮助员工发现问题，改正问题。如果发现该员工确实不适合这个工作，则应尽自己最大的努力去帮助他寻找其擅长的工作。

8.8 有些批评，最好能点到为止

很多管理者在批评下属时常常会犯这样的错误——过度批评。下属可能就是犯了一点点错，或甚至不确定是否有错，管理者就横加指责，批得对方体无完肤；更有甚者不分时间、对象、场合，随便批评。虽然下属做错事，管理者不能放任不理，但也不能随便批评，更不能对外肆意宣扬下属所犯的错。

管理者在批评下属时不可想说什么就说什么，尤其是对一些不太重大的错误，批评只需点到为止。

批评的目的是为了帮助他人改正错误。一般来说，批评要适可而止。一个人犯了错误，对这个错误的某一点提醒一下对方就行了，翻来覆去地批评没有必要。对他人过去的错误反复批评，总是纠缠不休，不仅于事无补，而且也显得有些愚蠢。

对下属的批评也是如此，管理者如果不注意方法，狠狠地将对方批得体无完肤，那么，对方很可能就会明知道自己错了，可就是不愿意改正。因此，如果下属已经意识到自己所犯的错误，管理者只需要提示他不要再犯就可以。

水满则溢，物极必反，说的就是这个道理。管理者对下属的批评要把握分寸。打个比方，不能掌握说话的分寸，就像是不断往杯子里倒水，杯子的容量是有限的，如果不适可而止，水太多只会溢出来。因此，管理者在说话的时候要考虑清楚了再开口，切忌说话过多、过于绝对。作为管理者要始终明白这样一个道理：在应该说话的时候说话，在不应该说话的时候就闭住嘴巴。这样才能够在处理员工关系中游刃有余。倘若不这样，管理者日后可能会处处碰壁，随时被下属抓住把柄，让自己下不了台。

那么，管理者应该怎样避免把话说绝，做到点到为止呢？可以按照如图8-5所示的方法去做。

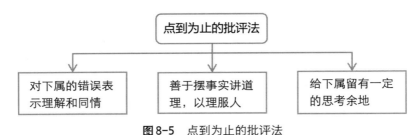

图8-5 点到为止的批评法

（1）对下属的错误表示理解和同情

有同情心的人，不会吹毛求疵，而且能对他人犯错的原因进行客观分析。管理者要时时想着与下属是一个团队的，而不是对立关系，批评时先要对下属所犯错误表示理解和同情，使对方减少不安，然后再用温和的态度指出其错误。当然，说话要委婉、和蔼，不用过分刺耳的字眼，比如"你真糊涂，这件事完全搞错了"，用这种语气说话是没人愿意忍受的。

（2）善于摆事实讲道理，以理服人

当批评建立在具体的事实上时，下属自然就有了认清自己错误的基础。这时，即使管理者不点破，下属也能理解到其中的意思。

案例8

一位将军在视察某个部队时，召集了校、尉等军官10余人进行座谈。在会上，将军问这些军官说："一个普通战士的津贴大概是多少？"在座的军官竟然没有一个人知道确切的数字。

这时，将军看着那些军官，心里非常生气。不过将军并没有直接对这些军官进行批评，而是给他们讲了关于一个人的绰号的故事。他说："在民国时期，有个名叫张宗昌的军阀，人们称之为'三不知将军'，一不知道自己有多少兵，二不知道自己有多少枪，三不知道自己究竟有多少个小妾。"

在座的人听到之后，都羞愧地低下头。

上述案例中这位将军通过摆事实的方法对其下属进行了批评，可谓绝妙之极。更妙的还在于，他在批评的同时还给这些部队军官们保存了颜面，让他们更容易接受。将军虽然没有直接批评下属，但在座的人听到他讲的故事之后，都羞愧地低下了自己的头。这就是他的成功之处，没有直接批评却收到了批评的效果。

（3）给下属留有一定的思考余地

即使下属犯了错，作为管理者也不能将下属批评得一无是处，不给下属留任何回旋的余地。批评的话尽量少说，否则很容易会引起对方的逆反心理。

因此，在很多情况下，批评下属只需点到为止，给下属留有一定的余地，留有反思的空间。

管理者应该学会说话之道，千万不要将话说绝，要在应该说话的时候再说话，不应该说话的时候就不说话，而且最好能够点到为止。因为管理者如果将话说满可能会给自己带来没有必要的麻烦，毕竟万事万物没有绝对的事情。如果能够在批评下属时恰当地表达好想表达的意思，那么管理者就会在复杂的人际中赢得员工的热爱。

第 9 章

鼓励竞争，
团队中有竞争才有生命力

团队要团结才会生存，不团结只有衰亡。所有人对团队需要团结已经形成共识，但却忽略了竞争的作用。团队中必须要有竞争存在。良性的竞争是必要的，可以促进每个成员进步，加强整个团队的凝聚力。

第 9 章
鼓励竞争，团队中有竞争才有生命力

9.1 团队中的"鲶鱼效应"

很多人都听过关于鲶鱼的故事。

在挪威很多人非常喜欢吃沙丁鱼，尤其是活的沙丁鱼。市场上活沙丁鱼的价格比死沙丁鱼高许多，为此，渔民总是想尽一切办法争取让沙丁鱼活着回到渔港。可是，不论他们怎么努力，绝大部分的沙丁鱼还是死在了运送途中。但是，有一条渔船却总是能让大部分沙丁鱼活着运回渔港，船长把这视为一个不能说的秘密，大家都不知道船长用什么法子让鱼活着回到渔港。直到船长去世的时候，这个秘密才被揭开。

原来启程之时，聪明的船长在装满沙丁鱼的鱼槽里放进了一条鲶鱼，鲶鱼进入陌生环境后，四处游动，沙丁鱼看见鲶鱼后十分紧张，便在鱼槽里四处躲避，加速游动。鲶鱼就是很多沙丁鱼能活着运回渔港的秘密。后来，人们便把这一现象称为"鲶鱼效应"。

有相关经济专家曾这么认为，无论什么团队，一旦时间久了，团队内部成员相互熟悉了，就很容易缺少活力和新鲜感，成员就非常容易产生厌倦、惰性。这个时候，倘若团队能从外部引入"鲶鱼"，制造一些变动的、不安定的气氛，引起成员紧张，那么团队就会在这种刺激下爆发新的战斗力。

在这一方面，日本本田公司做得十分出色。

 案例 1 ▶▶▶

> 日本本田公司创始人本田先生曾面临这样一个难题：公司里整日东游西荡、拖企业后腿的下属占总数的20%。如果将这些人全部开除，一方面会受到工会方面的压力；另一方面，又会使企业蒙受损失。其实，这些人也能完成工作，只是与公司的要求相距远一些，如果全部淘汰，显然行不通。
>
> 于是，本田先生找来了自己的得力助手——副总裁宫泽。宫泽先生认为，企业的活力根本上取决于企业全体下属的进取心和敬业精神，取决于全体下属的活力。公司必须想办法使各级管理人员充满活力，即让他们有敬业精神和进取心。一个公司如果人员长期固定不变，就会缺乏新鲜感和活力，容易养成惰性，缺乏竞争力。只有存在外部压力，存在竞争气氛，下属才会有紧

迫感，才能激发进取心，企业才有活力。这就如同"鲶鱼效应"一样。

本田先生认为宫泽说得很有道理，所以他决定从公司外部找一些"鲶鱼"加入公司，制造一种紧张气氛，发挥"鲶鱼效应"。

于是，本田先生进行人事方面的改革。他发现销售部经理的观念离公司的团队精神相距太远，而且他的守旧思想已经严重影响其下属。必须找一条"鲶鱼"来，尽早打破销售部只会维持现状的沉闷气氛，否则公司的发展将会受到严重影响。

经过周密的计划和努力，本田终于把松和公司销售部副经理、年仅35岁的武太郎挖了过来。武太郎接任本田公司销售部经理后，凭着自己丰富的市场营销经验和过人的学识，以及惊人的毅力和工作热情，受到了销售部门全体下属的好评。下属的工作热情被极大地调动起来，活力大为增强。公司的销售出现了转机，月销售额直线上升，公司在欧美市场的知名度不断提高。

本田先生对武太郎上任以来的工作非常满意，这不仅在于他的工作表现，而且销售部作为企业的龙头部门带动了其他部门经理人员的工作热情和活力。本田深为自己有效地利用"鲶鱼效应"而得意。

从此，本田公司每年重点从外部"中途聘用"一些精干利索、思维敏捷的30岁左右的生力军，有时甚至聘请常务董事一级的"大鲶鱼"。这样一来，公司上下的"沙丁鱼"都有了触电式的感觉。本田公司自从推行了"鲶鱼效应"管理办法以后，企业的产品质量和产量大大提高，销售工作也大为见效，公司因此很快步入大企业行列。

由案例1可见内部竞争的重要性。良好的内部竞争，激发团队内部人员的活力，使每个人的潜能将会被激发到最佳状态。古语有云：生于忧患，死于安乐。事实上，在现实生活中，每个人获得成功的机会都是相等的。而绝大部分人之所以平庸，最主要的原因是周围的环境过于安逸，使其放松自己、满足现状、固守平庸；相反，那些有着杰出贡献的人，他们每天、每时、每刻都会使自己处在一个适度的忙碌状态中，忙碌中带着固有的紧迫感、危机感，而正是这些特有的紧张、压力，激发出内在的无限能量，助其获得成功。

虽然每个人都具有与生俱来的能量和无限潜力，但也有着天性的弱点，即惰性。当人们每天使自己处在一个相对宽松、安逸的环境中，他的潜意识中会不断地强化自己的惰性，在这种情况下出现贪图享受也就不足为奇了。这种状态也适用于动物群体中，就拿羊群而言，在澳大利亚的牧场草原上，经常会出现野狼吞噬羔羊的情况。为此，牧民在政府和军队的多方帮助下将狼群赶尽杀绝。但是狼虽然没了，羊群的数量依然逐年下降，因为随着狼的消失，羊群的紧迫感、危机感也消失了，它们失去了激发内在繁殖、生活的动力。

随着竞争日益激烈，人的心理压力也在不断加大，容易出现各种精神紧张的状况，但这种紧张并非完全无益。事实上，人们在生活中保持适度的紧张，不仅能够增添生活的情趣，还能提高工作和学习效率，有利于身心健康和事业发展。

尽管竞争对于人的成长和成才非常重要，但是在用人当中引入竞争机制却并非易事。有些管理者会非常简单地认为，只要通过物质利益来刺激下属就算是引入了竞争机制，其实事情并非那么简单。

因此，管理者在引进外来人才时需要做好一些细节，以配合其他相应的改革。比如，应该在什么时候引进人才，应该引进什么样的人才等，解决这些问题需要注意以下3点，如图9-1所示。

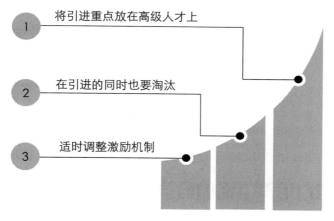

图9-1　团队人才引进的注意事项

（1）将引进重点放在高级人才上

适当地引进高级人才，可以增强团队的竞争力。团队的竞争归根结底就是高级人才间的竞争，高级人才已经成为团队发展的制胜法宝、赢得市场的关键筹码，团队人才引进的好坏直接影响团队未来的发展。

在全球经济一体化的环境下，团队既要凝聚高级人才、激活高级人才，又要把用好高级人才落到实处，真正实施"人才强企"战略，用发展、改革的办法破解高级人才工作中的难题。团队必须建立系统的、科学的高级人才培养、选用、奖惩、晋升、淘汰管理制度和激励机制，在人才合理配置上，充分发掘团队现有的人才资源，通过各种激励手段，不断引进高级人才、培养高级人才，从而使团队获得长足的发展。

（2）在引进的同时也要淘汰

一个团队最健康的人才机制是有进有出，该引进要引进，而对于那些该淘汰的人也要适当淘汰。对于一些对团队有功劳的员工，可以让他们提前退休，拿退休金；对于那些确实不适合的员工，没有任何义务和责任将他们留下来，不合适的员工只能给团队带来麻烦，辞退是必要的。

（3）适时调整激励机制

团队中没有"铁饭碗"，如果不努力，被人超越了，就可能会被代替，这是管理者必须告知下属的。让下属的"铁饭碗"变成"泥饭碗"，他们才不会过于安逸、不思进取。总之，适时招募新下属，能给团队引入外来竞争。管理者要注意发挥"鲶鱼效应"，让新员工的到来激发老员工的竞争意识。

有竞争才有发展，没有竞争就没有动力。所以，管理者一定要鼓励团队成员互相竞争，在竞争中共同进步。在一个有活力的团队里，处处都会存在着竞争，没有竞争，就不会有发展。

9.2 努力培养下属的竞争意识

"生于忧患死于安乐"，一个团队中，如果每个人都没有竞争意识，日复一日重复着同样的工作，干多干少一个样，干与不干一个样，时间长了就会滋生厌倦心理，工作的积极性也会被消磨得一干二净。

每一个人都有自尊心和自信心，其内心深处都希望站在比别人更优越的位置上，或者被当成重要的人物。从心理学上来说，这种潜在的心理就是自我优越感。有了这种欲望之后，人类才会努力成长，也正是这种欲望形成了人们做事情的基本动力。

在团队管理中假如能充分利用人的这种心理，并设立一种竞争关系，让下属

第9章
鼓励竞争，团队中有竞争才有生命力

知道竞争的存在，就能够形成良性循环。

 案例2 ▶▶▶

> 美国某位经营者名下有许多工厂，但其中有一个厂的效益始终徘徊不前，从业人员也很没有干劲，不是缺席就是迟到早退，交货总是延误。该厂产品的质量低劣，消费者抱怨不迭。虽然这个经营者指责过该工厂的现场管理员，也想尽了一切办法，想激发作业员的工作士气，但始终不见效果。
>
> 有一天，这个经营者发现，他交代给现场管理员办的事情，一直没有得到解决，于是他就亲自出马了。这个工厂采用昼夜两班轮流制，他在夜班要下班的时候，在工厂门口拦住一个作业员，问道："你们的铸造流程一天可做几次？"
>
> 作业员答道："6次。"
>
> 这个经营者听完后一句话也不说，就用粉笔在地上写下个"6"字。
>
> 紧接着，早班的作业员进入工厂上班，他们看了这个数字并得知其背后的含义后，竟然改变了6次的标准，做了7次铸造流程，并在地面上重新写上了"7"字。到了晚上，夜班的作业员为了刷新纪录，就做了10次铸造流程，而且也在地面上写上"10"字。没过多久，这个工厂变成了他所经营的厂子中业绩最高的。
>
> 这个经营者仅用了一根粉笔，就提高了作业员的士气。而作业员们突然产生的士气从何而来？这是因为有了竞争的对手。很多人做事一向都是拖拖拉拉，毫不起劲，可是在突然有了竞争的对象后，就激发起了他们的士气。

有竞争才会有压力，有压力才会有动力，有动力才会有活力。团队引进竞争机制，可以很好地培养队员的竞争意识，可以让团队队员产生紧迫感，释放出更大的潜能。

船业大亨欧纳西斯说过，要想非常成功，你需要的是比你更强大的对手！一个卓越的团队既离不开竞争，也离不开合作，竞争与合作是紧密相连的一对连体兄弟，他们代表着两种不同的互动关系。

一个团队中如果没有竞争意识，自上而下往往就会没有活力、很僵化，在当今瞬息万变的市场中就会变得非常危险。作为管理者一定要明确这点，充分调动团队内部的竞争意识，让队员提高竞争力。

管理者要把竞争意识和合作意识灌输进团队成员的思想里，并且将其运用到工作中，让成员在工作中竞争，在竞争中合作，从而达到优势互补，取长补短的目的。

所以，管理者必须让团队中存在竞争关系，通过一定的方法让每个成员树立竞争观念，变压力为动力。那么，管理者如何通过引入竞争机制，培养队员的竞争意识呢？具体做法如图9-2所示。

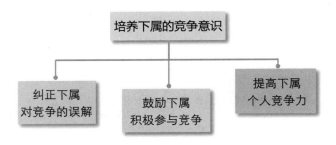

图9-2 培养下属竞争意识的做法

（1）纠正下属对竞争的误解

很多人害怕竞争，其实是出于对竞争的误解，良性竞争对团队发展具有积极的作用。因此，管理者要纠正成员对竞争的误解，让其走出认识误区，教育他们认识到竞争的重要性，认识到竞争的存在是合理的，鼓励每个人必须勇敢面对、积极参与。

（2）鼓励下属积极参与竞争

管理者应教会成员积极参与竞争，让其意识到竞争是促进业绩提升的主要因素。管理者要鼓励每一个成员都参与竞争，让成员认识到团队每一步发展都与自己的参与有关。最好的方法就是把成员做出的贡献当作衡量竞争力的重要标尺，使竞争意识渐渐地融入到每一个队员的工作行为中去。

（3）提高下属的个人竞争力

超强的个人竞争力是参与竞争的前提，当没有了竞争能力，所谓的竞争意识也是空谈，久而久之就会消失殆尽。因此，对于管理者来讲，要想让每一个队员都保持竞争意识，就必须加强对他们个人能力的培养，督促下属积极学习，提高个人竞争能力。

第9章
鼓励竞争，团队中有竞争才有生命力

个人竞争能力是以个人专长为核心的知识、能力、素质等各方面的综合体，概括起来说它体现为五个"力"，即思维力、意志力、凝聚力、适应力和创造力。

当今的社会，是一个竞争激烈的社会。在日常生活中，处处都体现出强烈的竞争色彩。弱肉强食、优胜劣汰，这是自然界中的竞争。在职场中竞争同样普遍，职场因竞争而变得精彩。团队中有远大抱负的人都具有强烈的竞争意识，这是人的一种可贵的精神。

通过切实有效的培训和危机意识的灌输，管理者让团队中每个人都要树立竞争意识和危机感，使竞争成为下属本能的自觉行为，并培养下属独立处理危机的能力，加强其竞争力。只有这样，才能让整个团队从中受益，更好地达到预定的绩效目标。

管理实践
小贴士

9.3 创造一个公平的竞争环境

管理者要给成员创造一个公平、公正的竞争氛围，并且努力让团队中的每个人公平竞争。环境影响行为，营造一个公平的竞争环境，对引导团队成员进行公平竞争十分重要。

 案例3 ▶▶▶

> 在麦当劳，每个刚入职的下属都处在同一起跑线上。每个大学毕业的年轻人在进入这家著名的企业后，都会当几个月的实习助理，从最基层的工作做起。比如，炸薯条、收款、烤牛排等，还要学会保持清洁，学会最佳的服务方法。
>
> 过了这个阶段，他们会被安排在第二个工作岗位上——二级助理。他们每天都要在规定的时间内负责餐厅的工作，承担一些管理工作，比如，计划、排班、订货、统计等。通过一段时间的摸索与试验，他们的工作经验不断丰富，公司将根据其积累的经验和个人能力，选择晋升的人员。公司的晋升机会，对每一个下属来说都是公平的，谁能够更快地适应工作，谁的能力强，谁晋升得就快。

管理者一定要公正无私,给下属创造一个好的工作氛围,使每个下属都能够感到公平与公正,让他们觉得是在为自己工作,更让他们感到不论干什么工作每个人都是平等的。这样下属就能够在面对各种艰难工作时始终团结一致,保证工作顺利地进行。

公平的竞争会让滥竽充数者无法存活下去,使那些偷奸耍滑者没有躲藏之处,使那些投机取巧者没有施展"偏才"的机会。可以这样说,创造一个公平的竞争环境,是对每一个下属的尊重,也是对每个努力付出的下属的最好保护。

公平是每个团队成员渴望拥有的。反思现在的很多团队,其竞争机制还存在有失公平的地方。因此,管理者有必要建立起公平的竞争机制,打破那些隐性的壁垒,给予团队中每个人公平的竞争机会。那么,管理者如何创造公平的竞争环境呢?具体做法如图9-3所示。

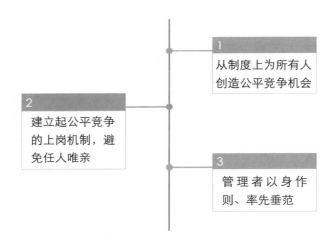

图9-3 创造公平竞争环境的3点做法

(1)从制度上为所有人创造公平竞争机会

制度是团队生存和发展的保证,一个团队只要有完善、科学、合理的制度,必然能取得长足的发展。同时,制度也是约束每个人言行的基本准则,有了制度的约束,人就会行为更加规范,更加有自制力。从团队内部来讲,成员也要有竞争意识,提倡竞争型团队有两个目的:一是成员自身提高水平和技能的需要,二是完成团队目标的需要。要做到竞争型团队,就需要一种制度来保障。

因此,要想真正营造公平的竞争环境,必须首先从制度做起,从制度上为所

第9章
鼓励竞争，团队中有竞争才有生命力

有人创造公平竞争、公平发展的机会。但是，在建立内部竞争机制的时候，要注意成员相互之间是竞争，而不是斗争，这种竞争建立在理性的基础上。

（2）建立起公平竞争的上岗机制，避免任人唯亲

建立起公平竞争的上岗机制，是团队加强管理、促进发展的手段。为此，笔者认为，应树立"以人为本"的管理理念。通过竞聘上岗，目的是为团队寻找优秀的员工。因此，在团队管理过程中，管理者要始终树立"以人为本"的理念，尊重知识，尊重人才。为此，必须破"用人唯亲"的歪气，树"用人唯才"的正气，建立公平竞争的上岗机制。

倘若管理者一味地任人唯亲，只会让团队一步步地走上解散。毕竟每个人都渴望能够拥有一个公平的竞争环境，因为只有公平才可能让团队中每个人脚踏实地、心无杂念地工作，才可能让每个人付出多少，就能够得到多少回报。

（3）管理者以身作则、率先垂范

创造公平公正的竞争环境的前提是管理者必须一身正气、严于律己、客观公正，能克服一己之私，不会受私心杂念、个人喜怒好恶的影响。管理者不能因为下属是同乡，或关系亲密，就不管下属表现是否特别突出而给予其奖励；同样，也不能因为是不喜欢的下属，就冷落对方。否则，将会造成非常不好的影响，极大打击团队其他人的积极性。

营造公平的竞争环境，管理者必须以身作则、率先垂范。做到这一点，团队内的人事关系就会变得十分简单。下属可以专心于工作，而不需要关注错综复杂的人事关系，也不需要看上司的脸色行事。

常言道，不患寡而患不均。公平的竞争环境对每个下属的成长都极其有利，能够对他们的工作和交际等起到极大的帮助作用。作为管理者，最重要的职责之一就是要营造一个公平的团队氛围，让下属的付出得到相应的回报，这样他们才能够充分地发挥出自身的才华，才能够为团队的发展做出巨大的贡献。

管理者必须想方设法地为下属创造出一个公正的竞争环境，只有这样，才能够让优秀的人更加卖力地工作，才能够让那些原本得过且过的人，积极地提高自己的工作能力，才能够让整个团队处于一种紧张而不失和睦的良好竞争氛围中。

9.4 看到团队中每个人的优点

作为一个管理者对待下属是否公平,不仅影响上下级的关系,还会影响整个团队。管理者用人时绝对不能以亲疏为出发点,而应该牢牢地坚守公平原则。一些愚蠢的管理者往往会对关系亲密的下属处处关照,而对关系生疏的下属表现得十分冷漠,甚至会对这些下属带有一些偏见。

基于这样的原因,这类管理者很难看到与其关系生疏的下属的优点与特长,却很容易看到对方的缺点与不足。在这样的团队里,很难做到应有的公平,上下级之间、成员之间不能够和睦相处,团队也很难做出出色的成绩。

 案例4 ▶▶▶

年终之时,广州某家大企业有一批下属要辞职,这批下属大都学历较高、能力较强,而且具有某方面的专长,在公司里是技术骨干。这种现象一下子引起了公司管理者李总的注意。他经过深入了解,才发现这几名下属之所以要辞去职位,主要是因为其所在部门的经理处事不公平。他们的部门经理是公司老员工,平时仗着资历比较老,对下属十分霸道。

而且,这位部门经理还会在自己的部门中拉帮结派,凡是他的老乡、朋友或是关系比较亲近的下属,他就会给予足够的重视,而对其他下属则会横挑鼻子竖挑眼,常常百般挑别,甚至要对他们降级降薪。这位部门经理的做法引起了很多下属的极大不满,从而引发了年底的集体辞职现象。

李总了解这种状况后,便立马召集这个部门的全体下属来开会。在会上,李总先做了一个十分诚恳的检讨,说自己平时工作并不十分深入,没有能够及时地了解基层情况,导致基层部门问题突出,影响了下属的情绪,也影响到了部门的具体工作。然后,对那几位辞职下属的工作进行了一番赞扬,并且肯定了他们对公司所做出的贡献。同时,他还决定要立即撤销这位部门经理的职务,再调其他部门的管理者到这个部门来任职。

这样处理下来,一下子挽留了几位要辞职的下属,使部门的工作又走上了正轨。那些留下来的下属又安心在原岗位上工作,在新部门经理的管理下,这个部门呈现出和谐、公平的氛围,下属们的内心里都有了一股积极向上的热情,工作劲头也变得十分足。

在这个案例中,这个部门经理之所以不能够公平地对待自己的下属,是因为他任人唯亲,热衷于在本部门拉帮结派。这样的管理者往往只把"我"字放在第一位,而把原则抛在头脑之后,如此怎么能够做到公平公正?管理者不管遇到什么事情都要有一颗公正的心,要没有私心杂念,才能够公正地为人处世。在用人的时候要尽量发挥下属的长处与优点,把他们放在最合适的岗位上,这样才能够用好下属的长处与优点,为团队创造出不俗的业绩,促进团队的飞速发展。那么,一个管理者到底要怎样发挥下属的长处与优点呢?

一方面,管理者要给下属充分授权,鼓励他们放开手脚去做事,让下属的才华能够得到充分发挥和施展。不过,倘若下属在工作中出了问题,管理者就不应该推卸责任,而应该主动承担,这样下属才会对其更加信赖与拥戴,并对其怀有一份感恩之心。

另一方面,当下属取得一定成绩时,管理者应该给予及时的表扬。这不仅仅是对下属工作的肯定,也是对下属价值的一种肯定。倘若下属受到表扬与激励,那么他一定会更加自信更加积极地工作。

在团队中,有些管理者有一种完美主义情结,不管做什么事情都要讲究完美无缺。假如管理者以此来要求下属,无形中会对下属造成一种压力,使下属产生逆反心理,进而影响到上下级的关系。管理者最好要以包容的心态来对待下属,让下属在宽松和谐的氛围中工作,从而更好地发挥其优点。

管理者要公平地对待团队中每个人,看到每个人的优点与长处。千万不要以亲疏作为处事的出发点,如果只以个人的喜好来决定对待下属的态度,恐怕很难做到公平。在不公平的环境中,上下级之间很难能和睦相处,下属很难将自身的潜能很好地发挥出来,管理者也很难让自己的团队做出优秀的成绩。

9.5 优胜劣汰,能者上平者让庸者下

物竞天择,适者生存。现实是残酷的,只有主动适应社会发展,努力提升自身能力,才能跟得上时代的脚步。

一个卓越的团队,要给成员时刻树立一种强烈的危机意识,告诉团队成员:

做得不好，就要被淘汰，因为物竞天择，适者生存，任何人都无法逃避。优秀人才是团队实现战略目标的基础，是团队持续发展的动力。管理者要以科学的人才培养方法、有效的激励机制、公平的竞争平台吸引人才，还要着重于为真正的人才创造健康的发展空间，努力营造"能者上，平者让，庸者下"的发展环境，为人才提供公平的晋升机会。

先从"平者让"的"平"说起。何谓"平"？评定"平"的标准在团队中主要是看业绩和能力，业绩和能力很一般就是"平"。那么，"平"怎么办？办法只有一个：让位。想一想，工作无起色，平平淡淡，这样下去不但下属感到没成就感，还耽误了有能力之人的晋升。

那么，这个位给谁？当然是给"能"者，也就是说让"能者上"。团队可以将"平者"培养成"能者"，至于"庸者"，既无能力又无修养，不但完不成上级交给的任务，还经常出现疏漏、拖后腿，那就只能"下"。

 案例5 ▶▶▶

印第安人之所以剽悍强壮，与他们挑选下一代的方式有极大的关系，也就是流传于印第安人部落中的"土法优生"。

据说，印第安人部落中，如果有婴儿出生，这个婴儿的父亲会立即将孩子携至高山上，选择一条湍急的河流，将婴儿放在特制的摇篮当中，让婴儿及摇篮随着河水漂去。而这个新生儿的父亲及族人们，则在河流的下游处等候，待放着婴儿的特制摇篮漂到下游时，他们会检视篮中婴儿的情况。倘若婴儿健康无事，证明生命力顽强，具备成为他们族人的条件，便将之带回部落中妥善养育成人。经过如此严苛挑选的印第安孩子，当然个个身强体壮，剽悍过人。

这只是印第安一般族人的筛选方式，至于印第安人部落中勇士的挑选，则要更为严厉。森林中毒蛇猛兽非常多，即将成为印第安勇士的男孩在成年礼的这个夜晚，必须面对各种各样的危险。只有经历这样残酷成年礼的锻炼，才能成为部落中公认的真正勇士。

印第安人的"土法优生"虽然残忍，但这种优胜劣汰的方法使得部落里的人个个强壮勇敢。

团队也需要优胜劣汰。团队需要每个人发挥自己的才能，才能提升效率，因此，必须提升员工的素质，一旦发现不符合要求的就应考虑是否将其淘汰。但从尊重劳动者这一点上看，是不能随意淘汰员工的。而且在管理上，用人从来没有一个最佳方案，只有适用或不适用的说法。因此，即使实行优胜劣汰也要坚持以人为本，具体要注意以下3个问题，如图9-4所示。

图9-4　实行优胜劣汰应注意的3个问题

（1）末位的判断问题

实行优胜劣汰要涉及标准和排序问题，因此需要制订一个公正的判断标准，来产生最为合理的排序。这是为了确定淘汰备选的范围，也就是竞争的圈子，究竟哪些人要接受这种机制的审核，而不是胡乱圈人，随心所欲。排序的标准和排序的范围，最终决定了末位的结果。

（2）淘汰的比例问题

这个问题要重点关注，到底淘汰多少才比较合适？对一个团队而言，淘汰的比例过高和过低都会产生问题。如果淘汰的比例过高，很容易导致后备力量跟不上，短期内招不到弥补空缺的人员，同时也会加重员工的心理负担，使得人人自危，同事关系紧张；而如果淘汰的比例过低，那淘汰制度又达不到想要的效果，不能对团队发挥作用。

（3）淘汰后的安排问题

对于淘汰的下属，如果不是能力问题、态度问题，管理者应该做好善后安排。比如，为下属调岗，安排适合他的工作。这就是量才而用，优胜劣汰的目的不是将不合适的人踢出局，而是优化调整。

帮助被淘汰下属找到合适的工作，不但可以保护被淘汰员工，还可以给其他

别吃了不会管理的亏：
带出卓越团队的10大管理工作法

留下来的员工树立良好的印象，这对团队形成良好的用人机制十分重要。

优胜劣汰是自然法则，也是团队管理的重要原则。对于对团队有突出贡献的人要提拔晋升，对于不利于团队发展的人就要淘汰。作为管理者必须树立"能者上平者让庸者下"的用人意识，优化团队中的人才资源。

第 10 章

协调团队矛盾，
充当团队的黏合剂

团队成员之间无论合作，还是竞争都会产生许许多多的矛盾，这些矛盾可能导致成员之间产生抵触情绪，甚至相互仇恨。对于团队内部矛盾必须积极协调，作为一名管理者有责任、有义务维护团队利益，化解团队中的矛盾。

别吃了不会管理的亏：
带出卓越团队的10大管理工作法

10.1 一碗水端平，绝不偏袒任何一方

《新书·道术》中说："无私谓之公，不公为私。"唐代大文学家韩愈说："大凡物不得其平则鸣。"可见，公平之说，古已有之。公平之人、公平之事，在史籍典册中更是不计其数。为人公正、办事公平，这不论是对于政府的人员，还是对于团队中的管理者，都是必须具备的基本素质和修养。有一位美国的地产大亨出过一本书，他在书中提到自己创业时的一个故事。

 案例1 ▶▶▶

> 这个美国人初创业时公司规模非常小。一天他们在开会时，有一个下属迟到了，这已经是他第4次迟到。而他们公司有一个明确的规定：迟到超过3次的人，公司就会毫不留情地辞退他。照理说，如果是一般的下属，这个公司把账一结，请职工离开，是可以理解的。可偏偏迟到4次的这个下属，是公司的销售精英，他个人的业绩占了公司业绩的60%。这个人对于公司来说极其重要。如果辞退他，公司就有可能损失60%的营业额。
>
> 倘若遇到类似的情况，绝大多数管理者都会灵活处理，或将其当成特殊情况来对待。但这样处理，将会留下巨大的隐患。
>
> 所以，这位美国人看着这个销售精英，摆摆手，道："你也清楚我们公司的规定，一个下属倘若迟到3次以上，就可以走人了。所以你现在去结算一下工资，直接走吧！"
>
> 就这样，这位销售人员离开了公司。也正因为这样一件事，这个公司创造了一个奇迹。在第二年的时候，这个公司培养出了12位和离开的这个销售人员一样厉害的人。为什么？其实很简单，这个美国管理者当时"砍掉"一个销售精英，是"砍"给剩下的销售人员看的。他就是想让留下来的人有这样一种感觉：管理者的原则性很强，他会一碗水端平，绝对不会厚此薄彼。
>
> 就是这样，留在公司的这些销售人员看到了希望，并且更加遵守公司的规章制度。这个公司慢慢地进入正轨，最终这个管理者成为了美国的地产大亨。

在一个公司中，人员越少，下属就越可能有恃无恐，认为管理者不敢辞掉他。

第 10 章
协调团队矛盾，充当团队的黏合剂

这时，管理者对于违规者，一定要敢于动真格，这样其他的人就会认真遵守公司制度，管理者也能够更好地进行管理。

管理者对待下属一定要公平，不可厚此薄彼、存私心。下属最忌恨的就是管理者偏心。管理者如果因为种种原因而不能公平地对待每个人的成绩，或不能公平地处理每个人的错误，实际上会离间团队成员间的感情，使被偏袒的那一部分下属被孤立。这样会导致下属之间相互猜忌、矛盾重重，团队的凝聚力也会大大地降低。这显然会给管理者的工作设下重重障碍。

"一碗水端平"有时很难做到。如诸葛亮挥泪斩马谡，尽管马谡熟读兵书，与诸葛亮也很有交情，但诸葛亮要以公平服众，就必须挥泪斩了马谡，才不会在以后被人说三道四。曹操也做过类似的事情，他曾经规定，无论何人之马只要进入老百姓的田地破坏庄稼就格杀勿论，在他自己的坐骑进入田地后，他也要"割发代首"。曹操此举虽然有封建统治者的虚伪性，但是在一定程度上也显示出他的公平执法，从而极大地笼络了下属的拥护之心，为他统一北方"挟天子以令诸侯"打下了基础。

从古至今，很多事例都告诉我们一个道理：公平之心不可缺。这不仅是处事的必需，做人的起码道德，更是一个管理者搞好上下级关系、做好工作的前提条件。倘若管理者办事不公平，搞不正之风，其带领的团队工作就会出现偏差。

团队，是一个非常复杂的地方。因为凡是有人的地方就会有矛盾，就会有纷争。一个管理者，倘若遇到下属之间有矛盾的情况，千万不要以个人的喜好偏袒其中一方，应该学会"一碗水端平"。只有这样，才能够赢得下属的尊重，才能够得到下属的真心拥戴。

10.2 在某些矛盾面前适时装糊涂才是大明白

俗话说：水至清则无鱼，人至察则无徒。乍听起来，似乎太"世故"了，然而，在为人处世时许多事情往往都坏在"认真"二字上。有些人对别人要求得过于严格以至近于苛刻，他们希望别人能够尽善尽美，所以绝不允许有任何一件鸡毛蒜皮的小事不符合自己的设想。一旦发现这样的问题，他们就会大动肝火，怨天尤人，摆出一种势不两立的架势。

水至清则无鱼，主要强调的是在待人或处世时不能太"认真"，该糊涂时就糊涂，只要不是原则问题，糊涂也未尝不可。管理者在与下属相处时要"睁一只眼，闭一只眼"，这并不是说可以随波逐流、不讲原则，而是说，对于那些无关大局的小事，不应当过于认真。当然，对那些事关重大、原则性的是非问题，切不可也不要随便套用这一原则。

 案例2 ▶▶▶

> 英国的温莎公爵曾经主持了一个招待印度当地居民首领的宴会。在宴会结束的时候，侍者为每个客人端来了洗手盆。让人意想不到的是，当印度客人看到那精巧的银质器皿里盛着亮晶晶的水时，便以为这是英国皇室的待客之道，于是就毫不犹豫地端起来一饮而尽。
>
> 这一举动，让英国贵族都目瞪口呆，不知如何是好，只是愣愣地关注着温莎公爵。温莎公爵神色自若，不露声色，一边继续与客人谈笑风生，一边也端起自己面前的洗手水，十分自然地仰起头来一饮而尽。于是，大家也都纷纷端起了自己面前的洗手水，仿效着温莎公爵，宴会取得了圆满的成功。
>
> 在英国宫廷礼仪之中，自然是不能把洗手水喝掉的。而印度客人在没有了解风俗的情况下，冒失地喝掉了洗手水。作为主人，温莎公爵并没有"聪明"地指出他们的过失，而是装了糊涂，跟着将洗手水喝下，避免了印度客人的尴尬，使宴会在和谐的气氛中进行，取得了预期的效果。温莎公爵一个"糊涂"的做法，彰显了自己高贵的品格与风度，树立了良好的个人形象，营造了和谐的氛围。他实在是一个会装糊涂的聪明人，可谓大智若愚。

其实，温莎公爵是"智可及，愚不可及"的类型，所谓的"愚不可及"，就是说他"糊涂"的智慧常人不能达到。常言道：难得糊涂。其实，有时候装糊涂是一种达观，一种洒脱，一份人生的成熟，一份人情的练达。

《菜根谭》上说："人有顽固，要善为化诲，如忿而疾之，是以顽济顽。"对于别人的顽固的行为，应该善加开导，而不是忿而疾之。"至察"其实并不错，错在于"至察"之后，不懂得应该怎样对待他人。看清别人缺点并不是什么坏事，倘若能够采取适当的态度对待他人的缺点，则有益无害。

在现实生活中，很多人往往缺乏容忍别人缺点的气量，其实世间正邪善恶交错，没有什么是绝对的。所以，在纷繁复杂的团队管理工作中，作为一个出色的管理者要学会适时糊涂处世，这样才能够赢得下属的爱戴，才能够取得事业的成功。

在团队中，人与人之间的关系变得越来越微妙。聪明的管理者在为人处世时不应该太较真，应该在该糊涂的时候就糊涂一下，对于那些无关原则的问题就要"睁一只眼闭一只眼"。但是，对于那些事关重大、原则性的大是大非，千万不要做个糊涂人。

10.3 先找到冲突原因，然后再对症下药

要有效防止和解决冲突，就要抓准矛盾焦点。无论是个人之间还是群体之间，当冲突还没有发生之前，通常会有一个双方关注、争执、互不相让的矛盾焦点，如政治方面的某个观点，有关切身利益的具体项目，道德方面的某一行为倾向，情感方面的隔阂等。如双方继续在这个焦点上积累矛盾，发展到一定程度，就会围绕这一点形成冲突。有关专家认为，一个群体内的矛盾就像是一个大气球，必然是越积越多。因此，必须在达到爆破的极限前，先释放一些，避免矛盾的激化。

通过很多事例可以看出，矛盾不断激化的一个重要原因，是群众不满意的地方太多，又压着不能讲，问题长期得不到解决，就像气阀堵塞的高压锅一样，持续高温又没有出气的地方，到一定程度非爆炸不可。

矛盾和冲突发生后管理者要果断处置，迅速控制事态，最大限度地减少冲突导致的消极影响和破坏。对性质比较严重，事态可能扩大的冲突，一定要做到快刀斩乱麻。在情况不明、是非不清而又矛盾激化在即的时刻，先暂时"冷却""降温"，避免事态扩大，然后通过细致的工作和有效的策略适时予以解决。只要把握了解决矛盾的主动权，任何矛盾和困难都是能够得到解决的。

另外，还要采取信息隔阻的策略。所谓信息隔阻，就是指信息在经过管理者时，管理者要有意识地对其隔阻，以便有充分的时间调查研究，求得问题的妥善解决。

倘若只有沟通没有隔阻就会形成信息失控，造成因小事而影响团队合作，因

流言而瓦解团队合力的不良结果。因此，作为管理者，应该把握好各方面的思想情绪，做到该畅则畅、该阻则阻，从而达到化解矛盾、消除不利因素、求同存异之目的。

在团队中，管理者和成员之间不可能时时、事事意见一致，更不可能彼此之间没一点摩擦。当团队中某成员对另一成员有意见时，管理者一般都应该先将信息隔阻，不能贸然将该成员的意见全盘反映给另一成员，要经过一些侧面观察或调查后，再酌情处理。不作信息隔阻急于沟通，只会增加成员之间的隔阂，或者增加被反映者不必要的心理压力。

那么，面对团队成员之间的冲突，管理者应该如何处理呢？如图10-1所示。

图10-1　管理者处理团队成员冲突的5个措施

（1）达成共识

共识即共同认可的目标、信念。利用共识培养团队成员决心以达成任务，是管理者现代化管理的方法。管理者在决策的过程中，要考虑多数人的立场，采取大家都认同的行动方案来达成目标。换言之，唯有团队中每一位成员的目标、理念、看法及达成任务决心都一致，才能完美地完成行动方案。

（2）分离冲突双方

当冲突的双方工作联系不密切、相互影响不多时，可以实施分离法。此法虽然不能改变他们原有的态度，但可以争取时间来解决，是最快、最容易解决冲突的方法。

（3）争论与谈判

召集双方面对面讨论分歧点，通过公开的讨论来寻求解决之道，将各种不同的观点组合，尽可能地找出双方都能接受的解决冲突的方法。

（4）职位轮转

团队中可能存在许多小的群体，不同的群体有不同的态度或价值观。职位的轮调可以让下属促进交流并相互了解，下属也可能因为环境的不同而改变其原先的态度。

（5）利用规则或法规

制订明确的规则和程序可以减少冲突的发生。管理者有时必须担任仲裁者，为了秉持公正，就应有相应的规则，仲裁者以此做出裁判，才能避免偏袒行为的发生。

在团队中，人与人之间总会有意无意地产生一些或大或小的矛盾，有时候，甚至还会发生激烈的冲突。管理者在遇到这种情况时，一定要想方设法地找到发生冲突的真正原因，然后再对症下药，只有这样才能够避免类似的情况再发生。

10.4 防止拉帮结派，让团队拧成一根绳

很多职场新人都目睹过这样的场景：一群同事与另一群同事尔虞我诈，明争暗斗。这些人表面上一起工作、共进午餐、下班后一起去娱乐，亲密无间，其实是一个个利益小团体。其实，这就是典型的拉帮结派。

曾有一项调查发现，85%的人表示工作中有拉帮结派现象的存在；60%的人经常感觉到自己被排除在某群体之外，有被孤立之感；50%以上的人表示，遭到过拉帮结派者的恶性打压。

 案例3 ▶▶▶

> 小磊是某公司刚刚入职不到两年的一名业务员，由于成绩突出，工作能力强，被领导提拔为销售科长，而供应科长老周是干了20年的科级干部，属于老资辈。每每在公司开会的时候，小磊总是提出先进的销售理念和方法，

> 进行发言，获得公司老板的赞赏，而老周分管的工作经常是没有什么大的业绩。为此，老周在下面议论小磊爱出风头，认为没有他们这一帮老一辈奠定基础，哪有小磊的出头之日。

这就是典型的老派与青壮派争绩争宠引发的派系之争。每个企业和团队中，由于各人素质不同、利益不等、自我修养不一，都或多或少存在着"职场派系"，搞小圈子似乎成了一种潜规则。职场中派系之间的斗争不以原则定是非，而是以人事定是非，在工作中党同伐异。只要是与自己一派的，无论何事都予以支持；不是与自己一派的，无论何事均予以反对。

拉帮结派是企业的病根，对工作没有任何帮助，会产生种种不良后果，比如，使人际关系复杂化、降低工作效率等。拉帮结派还容易导致拿原则做交易，以小利益牺牲大利益的违规、违法操作，甚至发展到危害企业根本利益的地步。

因此，作为管理者，发现成员之间有拉帮结派的现象后，一定要坚决杜绝。当然，为避免引起帮派的恶性竞争和反击，杜绝是有方法的，不一定必须采取就地解散的硬办法。具体方法如图10-2所示。

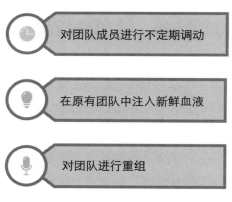

图10-2　防止团队成员拉帮结派的技巧

（1）对团队成员进行不定期调动

对团队成员，尤其是团队负责人、骨干成员进行不定期的工作调动，可以有效避免派系的形成。因为派系的形成是需要空间环境和时间积累的，通过变换工作安排、不定期的调动，就打破了空间和时间上的特定性。

（2）在原有团队中注入新鲜血液

有时候，加入具有突出能力的新人，能打破已形成的帮派，有助于创建新的秩序。当然，这是一种以毒攻毒式的疗法，在用的时候要谨慎，避免在引进新人后，不但没有进展，反而加剧这种现象。

（3）对团队进行重组

这是在其他方法无效的情况下使用的一种方法，这种方法难度最大、成本最高。有效的重组需要大量的研究工作，需要大量的时间、精力、计划和人员参与，而且还需要一个正当的理由进行此举动，而不能仅仅只为了拆散帮派而进行。

下属们由于彼此的目标不同，做事风格不同，很容易出现拉帮结派的现象，也就很容易出现矛盾和纠纷。这时作为管理者，就需要用自己的聪明智慧灵活处理。

10.5 巧妙处理下属打小报告的行为

一个团队中总会有各种各样的人充斥其中，肯定会有一些人爱打小报告，喜欢将同事私下里的一些议论传给管理者。其实，同事有些话只是随口一说，并非出自本心，可是却被郑重其事地传给了管理者，因此也生出很多不必要的误会。

管理者要以正确的态度对待打小报告的行为，巧妙处理这类情况。此外，在处理这类爱打小报告的下属时，还要以开明的心胸做好协调工作。

 案例4 ▶▶▶

> 林某刚出任销售部经理没多久，就面临一个很大的考验：给新产品定价。他根据自家产品的优势和成本，结合市场调研结果，在对竞争对手的价格以及销量进行一番分析后，制订出了新的价格。可是，却遭到了财务部反对，财务部觉得定价太低，根本不能体现出自家产品高端大气的定位，更影响到了报表的"美观"。
>
> 可是，假如按照财务部的报价，则会大大降低销售部的业绩，林某对此

并不同意。由于定价不确定，林某的销售方案就无法完成，再加上管理者反复催促，林某对财务部的抵触情绪也变得高涨。

经过一番思虑，林某决定向上司求助，下班后，他以车子需要维修为借口，与上司同行。路上就工作进展做了一个简要汇报，然后假装不经意地透露出财务部的一些问题，言语中不由自主地带有几句抱怨，认为财务部在定价时考虑得不够全面，只想到要做出漂亮的业绩，却完全不考虑公司利益。

管理者听了林某的话略微思索了一番，然后耐心地说："你的想法确实挺有道理，但是财务部也是想把公司的业绩搞上去，只是考虑得不太周全，关于这一点你要给予谅解。"

很显然，这是一个英明的管理者，他在听到林某的小报告时并没有只以个人喜好来处理，而是站在客观中立的立场上，采取一分为二的方法，既看到双方的优点又看到双方的不足之处，同时都十分委婉而不失公正地指了出来。这样的做法让争强好胜的林某心服口服，所以一下子就化解了两人之间似乎很难调和的矛盾。

其实，打小报告未必完全是一件坏事。作为一个有远见的管理者，可以把它理解成为一种收集下级情报的方式，也就是利用它来了解下属的真实情况，甚至通过这些信息来掌控全局。

那么，对于打小报告的下属，管理者具体应该怎么应对呢？具体可以按照如图10-3所示的步骤去做。

图10-3　管理者应对爱打小报告下属的步骤

（1）暂时不对打小报告的人表明态度

作为管理者，当听到下属背后打小报告的时候，可能一时分辨不出话的真假和他的目的何在，可以暂时不表态，朝对方笑一笑然后说"谢谢你的辛苦""请继续努力工作"这样的话。

这个时候作为管理者，一定不要让下属猜到自己的想法，即使心里有谱，也不要有任何的行动。这样一来让对方猜不透管理者会有什么想法，二来也能展现自己良好的素质教养。

（2）私底下了解真实情况

收到小报告后，接下来就要了解小报告的真实情况。需要注意的是不可马上进行，最好能过几天，在打小报告者和其他相关人员都几乎淡忘这件事的时候，私下找几位比较真诚的老员工谈话，了解一下真实情况，然后对此事做出公正的处理。只有这样，才能知道事实真相是什么，不至于偏听偏信，更不至于让自己背上一个无德管理者的名声。

（3）与当事双方进行谈话

如果打小报告的下属只是因为一点小事，或者说双方确实有一些小误会、小摩擦等，而那两位下属对工作的态度又都不错，算是公司的优秀下属，那么作为管理者就要学会给员工协调关系。找个时间，把相关员工叫到办公室，和颜悦色地与他们谈一谈，让他们把自己的怨气、委屈、不满都当面讲出来，彼此之间道个歉或者找到共同都认可的解决办法。很多员工私底下难以解决的问题，有时只要管理者给出一个态度，再难解决的问题也是小问题了。

（4）表明态度，坚决制止打小报告行为

打小报告的行为是要坚决制止的，即使打小报告的人是出于好意，甚至对团队、对工作有利，但这种行为是不可取的。打小报告是一种非常不好的风气，而作为管理者在这件事情上起着重要作用。如果不及时解决问题，甚至鼓励大家打小报告，会有越来越多的员工通过打小报告来达到自己的私人目的；但如果处理及时，并做出正确处理，那么这种风气一定会大大减少。

在具体的处理方式上，可以通过召开会议的形式。管理者找个时间开一个简单会议，或者召集下属讲一讲这件事，表明自己对打小报告的态度，并提醒员工有问题当面反映，不要再出现私底下找打小报告的情况。

（5）直接处理有打小报告习惯的下属

对于一遇到问题就通过打小报告反映的下属，要做出相应的处理。例如，那类整天不学无术、业绩不好，又爱在团队里挑拨离间、恶意打小报告的人，就要当众处理，让其他员工看到管理者的态度。其实在这种时候，就是展现一个管理者最基本的品德、担当的时候，这种直接处理的方式也是杜绝下属恶意打小报告的最好方法。

管理者肯定会遇上爱打小报告的下属。这个时候，作为一个英明的管理者要掌握好处理原则，了解真实情况，全面地对待这种行为，千万不要偏听偏信。否则，管理者只会在处事与决策中产生偏差，损害团队中其他人的正当利益。

后记

管理者这个岗位，有人被迫担当，有人主动请缨，不管怎么样都有一个共同的目的，那就是管理好团队，做出成绩。关于管理这件事，千人千面，从来没有一个明确的标准。当笔者了解得越深入就越发现，做管理者其实是一个"重拾自我"的过程，更多是开始管理自己，而非他人。

在团队中，如何扮演好管理者这个角色，笔者将这几年的经验、体会、遇到的困惑、之后的反思罗列出来，并尽可能全面地融入本书中，希望对广大读者有所帮助。书中的思想、观点有些可能不够成熟，还请多多指教。

笔者从管理8个人到18个，再到28个，一直到现在的上百人；从总部垂直管理，到与各地分公司配合，参与矩阵式管理，经历了不长不短的十五年。在这十五年的时间里，笔者不断地成长，承受着不断加码的压力，但正是在这段艰难的日子里，让笔者清晰地看到一个真理：员工的潜能是无穷的。在与同事们一起跋涉的征途中，遇到很多困难，大家曾一度被打散过，然后又再聚集在一起，最后塑成这个团队。从此你中有我，我中有你，披荆斩棘，同甘共苦。团队就像黑夜里的一缕烛光，总能照亮前方，也使得团队成员无论遇到什么困难，只要有这个团队在，就什么都不怕。

在带领团队的过程中，给笔者感受最深的就是与自己命运相连的同事，尽管他们大都是我的下属，我更愿意称呼他们为同事，意为共同共事。好的管理者与同事共事的过程就是一个管理的过程，需要经过发现、挖掘、打磨、雕琢，花大把的时间和精力去研究、了解、关心、热爱，同时将日常管理通过"传帮带"运用到工作中去，真正去激发下属的潜能，塑造团队精神、发挥团队能量，共同把工作做深、做好。